EROTISCHER HUMANISMUS

性、愛欲、人文主義

從文化差異到情愛取向，一場關於人類原始欲望的哲學思辨

Nathalie Weidenfeld Julian Nida-Rümelin
娜塔麗・魏登費爾德、猶利安・尼達諾姆林——著
江鈺婷——譯

我能因此斷言，厄洛斯（Eros）是眾神之中最年長且最神聖的，
同時也是最有能力替人類於生與死當中獲取美德及幸福的。

出自柏拉圖《會飲篇》（*Symposion*）

目次
Contents

娜塔麗・魏登費爾德的前言

我在一九九〇年代時，於慕尼黑大學（Ludwig-Maximilians-Universität）攻讀美國文學及文化史；那是我在美國住幾年之後回來的事了。我的專長是女性主義文學研究，那不只讓我當時覺得，跟那些做德國研究、昏昏欲睡的學生*比起來，自己走在很前面——不只這樣——它也帶給我一種安心感，因為女性主義文學理論為文本分析提供了一個很紮實的架構。但這同時也挾帶了一個危機：不管是針對哪一本小說或哪一部電影，評論家最後都會歸結於同樣的東西——我就直白一點地說了——他們總會回到文本是如何再度顯現出父權文化試圖將女性簡化成她們的身體，並避免與她們分享權力。

---

* 作者注：即使這種用法目前「仍然」不太常見，但我們在本書中會隨機輪替使用陽性或陰性拼法（譯注：根據傳統德文文法，若一複數名詞以陰性結尾標記，表示其指稱的全體皆為女性；若以陽性結尾標記，指稱的對象可能全體皆為男性，或群體中同時包含男性及女性。）作為通稱。此處的「學生（Studentinnen）」也包含了攻讀德國研究的男性學生（Studierende）。

在我的學術世界中的英雄有巴特勒（Butler）、哈拉維（Haraway）、拉岡（Lacan）、傅柯（Foucault）與德希達（Derrida）。儘管這些思想家之間非常不一樣，但他們有一個共通點：他們的基礎觀念都認為，人們在語言、思想和行為上，都是那些將權力鞏固在既定位置（亦即男性的身上——或更確切來說——來自西方文明的年長白人男性）的結構及論述的「受害者」。那麼，照邏輯來看，這些來自西方文明的年長白人男性正是所謂的「壞人」，而另一方，特別是女性、酷兒、跨性別者、非白人男性，就是「好人」。

當我完成學業後第一次接觸到猶利安・尼達諾姆林（Julian Nida-Rümelin）的哲學時，我剛開始有點被他激怒。這位哲學家竟然相信像「責任主體」這種如此老套的東西，甚至還有基於好理由所做出之自由行為——傅柯和德希達早就成功把這種想法從我們這一代學生的理解中消除一空了。我起初對於他的哲學持懷疑態度，但隨著時間的流逝，幾年過去之後，我漸漸開始領會其中的人文主義觀點。那是一種務實的哲學，謹守著人類的能力以活出自主自決的人生。看到人類不僅只是權力結構、論述與體制的受害者，令我感覺大獲解放。

在當代針對性別、性別角色、性傾向與身分認同的論辯中，想要在互相尊重的基礎上進行討論已經變得愈來愈困難。不論是報刊專欄中、工作環境內或校園裡，都充滿劍拔弩張的氛圍，不只討論顯得情緒化，甚至連友情都備受壓力。與此同時，一個人究竟是不是女權主義者，也不再只是一個政治或道德的問題，更變成了一種禮節。如果你想要融入社會的話，那你就**必須**毫無保留地認同「MeToo」的受害者、**必須**認為開老人玩笑的布呂德勒（Rainer Brüderle）是狡猾的父權主義的原型樣板，並且深信西方世界具有根深柢固的性別不平等現象。如今，要是誰對以上這些事情有所質疑，他們不只會讓自己顯得可疑，更得冒著被貼上「不屬於我們」標籤的風險。

人們互相影射、挑釁，使得這些論辯愈來愈脫軌。面對這種局面，我感到愈來愈不安，因此讓我起心動念，想跟尼達諾姆林一起寫一本書來談性別關係的哲學層面。這本書應該要超越目前既有的女性主義及男性主義偏見，以哲學的角度來審視貶抑、歧視、自主情欲、正義等主題，而引導這番討論的原動力，則是在十九世紀以降的女性主義運動中逐漸成形的。那麼，就這個觀點來看，我們大家可以——事實上也必須——全都是女性主義者、一起接受以下挑戰：不信任意識型態，並起身捍衛正義、尊重及尊嚴。

猶利安．尼達諾姆林的前言

為了要創造出能夠獨立、不偏頗思考的空間，我們不能只看事情的表面，而是要盡量與一般常見的想法保持距離，這向來是哲學中的一項要務。於是，哲學有時候會從人世間抽離，然後變得愈來愈難以理解——這是我們在本書中想要避免的事。我們並未預設讀者必須具備任何哲學背景知識，而是以日常經驗與現象作為討論基礎；但我們可能時不時會把讀者搞得心煩意亂的，因為我們會去質疑大家原本熟悉的事物。然而，有時候我們看起來很熟悉的事物，也可能單純只是普遍偏見或主流意識型態的結果。

我們要討論的是不同性別之間的關係。目前，只有少數議題能吸引這種程度的關注，可能也是因為很多事情仍處於動盪的狀態，尤其是西方世界——但當然非西方世界中很大一部分的群體也是——正處於某種摸索的行動當中，質疑著傳統，但又不太知道究竟可以拿什麼東西來取而代之，於是便落得困惑與不確定的結果。

我們的書或許能為人們提供精神食糧、促進思考，並在某些地方揭穿偏見的面紗。而在面紗的背後，我們馬上就會面臨到一些關於人性的基本問題，例如：我們可以且應該如何處理人際關係，才能讓我們的世界變得更有人道、更加公平？如果我們正確地理解人文主義的話，它是仁慈的，它以正向的視角看待人性，並能跟所有想要努力在這短暫的生命中活出最好的樣貌的凡人產生共鳴——不帶任何成見、怨念及仇恨，而是互相尊重、承認各式文化，並且著迷於愛欲。

導論

論圓球生物，或：什麼是愛欲的人文主義

我們可以在柏拉圖的《會飲篇》裡讀到以下這段神話：

我們先前的自然狀態跟現在的已經不一樣了，甚至截然不同，因為當時人類有三種性別，而現在只有兩種——男性與女性。當時還有加上第三種，是由這兩種所組成的，但它現在只徒留名稱，本身已經消失了。在過去，陰陽人（Mannweib）不只是由男（Mann）、女（Weib）兩者所組成的稱呼，於形體上亦是名符其實的一種性別，但如今卻僅淪為一個污名。此外，當時所有人類的整體形體皆是圓的，背部與側邊都在轉圈，而且每個人都有四隻手、一樣多的腳，在旋轉的脖子上有兩張完全相似的臉。那兩張臉長在相對的位置，但共用同一顆頭，另外還有四隻耳朵與兩副陰部，剩下的就很容易想像了。不過，那時候的人不管從哪個方向來看，都不像現在的人一樣直立行走；如果想要快速移動的話，就必須像翻筋斗那樣，將腿向上伸直、交叉，並以當時擁有的八肢支撐，以轉圈的方式快速前進。但那時候有三種性別跟這種狀態，那是因為男性源自於太陽、女性源自於地球，而兩者的混合體則來自月亮，因為月亮同時具備其他兩種天體的本質。於是，為了仿效他們的孕育者，他們本身及其行走方式便皆是圓的。也是因為如此，他們擁有強大的力量與力氣，以及高度的思想，甚至有膽量接近神。關於厄菲阿爾忒斯（Ephialtes）與俄托斯（Otos），荷馬說的是對的——他們想要抵達天堂，就為了攻擊神。為此，宙斯與其他神祇向他方尋求建議、看該如何處理他們，但祂們不知道該怎麼辦，因為祂們不想要像之前用閃電對付巨人那樣，將他們殺害或將他們的物種徹底消滅，因為如果這麼做的話，人類對祂們的尊敬與犧牲同時也會遭到摧毀；但也不想容許他們在毫無懲處的情況下繼續惡行。最後，經過漫長的審思之後，宙斯說：「我想，我已經找到方法可以讓人類毫髮無損，但又可以讓他們變弱以阻止他們的傲慢。那就是，我現在想要把他們切成兩半，他們就能同時變弱、對我們來說又變得更加有用，因為如此一來，他們的數量就會增加，並且以雙腿支撐、直立行走。不過，如果他們再繼續冒犯我們、不願意保持冷靜的話，那我就會再把他們對切，讓他們像條狀充氣玩偶一樣以單腿蹦跳。」說完之後，祂便以馬毛像切莓果或蛋那樣，小心翼翼地將他們對切。但每當祂將一個人對切，阿波羅就會將他的臉和半邊脖子轉向切面，如此一來，那個人就會因為看到自己被切的那一邊而變得更文明。然後，阿波羅會叫他自己讓剩下來的部分復原。就這樣，阿波羅把他的頭轉過來，將各個部位的皮膚拉到現在稱為肚子的地方，並像綁網袋那樣在中間留一個開口、再束起來，那便是現在所說的肚臍。祂使用一種工具，類似鞋匠最後將皮革撫平的器具，將其他多數地方的皺紋撫平，胸部因此成形，但祂把肚子和肚臍周圍的皺紋留了下來，以紀念人類曾經受到的懲罰。

現在，他們的身體被切成兩半之後，每一半皆滿懷渴望地接近自己原本的另一半，以雙臂環繞彼此、互相緊抱。但他們滿懷著想要再次一起成長的欲望，為了不想要再和對方分離，因而餓死、忽略其他需求。而當兩半的其中一方死去、另一方仍活著，那留下的那一方就會再去找另一半，擁抱之、使之成為一個完整女性的其中一半，也就是如今所稱的女人，或是讓一個完整的男性相遇，接著就會一起消逝。對此，宙斯心生憐憫，並找出另一個方法將他們的性徵往前移；因為在此之前，他們的性徵仍掛在外面，而且尚未在彼此的體內生育、繁殖，而是像蟬一樣產在土裡。就這樣，祂將它們移到前面，讓他們在彼此體內孕育下一代——特別是透過男性、於女性體內進行——目標就是讓一名男性與一名女性相遇時，就能在擁抱的同時繁殖，使他們的物種得以繁衍。但另一方面，如果一名男性與另一名男性相遇，他們至少能從在一起的狀態中獲得滿足，而滿足之後，他們就能繼續做他們的事、照料他們生命中的其他部分。打從這麼久以前，人類對彼此的愛便是與生俱來的了，想要尋回過往的天性、使二合為一，並治癒人類的弱點。

我們所有人都只是一個完整的人的一半，因為我們就像泥塊一樣被切成兩半，那也正是為什麼大家都不斷地在尋找自己的另一半。由於如今有許多男性是當時稱為「陰陽人」的混合種的其中一半，他們的愛便投射在女性身上，而絕大多數的姦夫也都源自這個種類，還有那些對男性成癮、慣性通姦的女性也是。不過，有很多女性則是一個完整的女人的其中一半，所以她們對男性的興趣低落，反而將更多的注意力放在女性身上，而那些追求女性的女性便是源自這個種類。最後是來自一個完整男人的男性，他們追求男性，而且正因為他們是男人的其中一半，他們在孩提時喜歡男性，躺在男性身邊休息、被男性擁抱時，都會為他們帶來歡愉。而這些正是最為優秀的男孩與少年，因為他們在天性上是最有男子氣概的。有些人會覺得他們恬不知恥，但他們錯了，他們會這麼做並不是因為無恥，而是因為他們有勇氣、大膽、具備男子氣概，才有辦法接近他們所愛又跟自己近似的人。有一個主要的證據是，只有當他們長大之後，才會成為忠誠地獻身國事的男性。但當他們長大成年之後會變得偏愛男孩，對結婚、生子沒有什麼興趣，單純是因為律法而被迫照做，不然他們大可以一輩子獨身度過。簡單來說，這一類的人總是會愛上男孩、與心愛的人當朋友，並一直依附著自己的同類。

至於愛的部分，那些喜愛男孩的人在遇到自己真正的另一半時，都會被美好的友誼、親密感與愛意深深攫住，簡單來說，他們一刻也不願與對方分開。其他所有人也都一樣。而那些與對方共度一生的人，甚至連自己想要從對方身上得到什麼也說不清楚。因為當一個人如此強烈渴望與另一個人在一起時，這勢必已經不只是享受愛意的情誼了，很顯然地，兩人的靈魂想要尋求其他東西，而那個東西只可親身感知、意會，並不可言傳。當他們同床共枕時，赫菲斯托斯（Hephaistos）帶著他的器具來找他們，並問道：「你們這些人到底想要從對方身上得到什麼？」如果他們答不出來，那他會再問：「盡量跟彼此待在同一個地方、日夜都不與對方分開，這就是你們想要的嗎？因為如果這就是你們所渴求的，那我就會把你們焊接起來、融合在一起，這樣你們就可以合為一體、共度一生，而當你們的時辰到來時也會一起死去，甚至到黑帝斯（Hades）那裡時也會是一體的，不是兩半。所以說，就看看這是不是你們的渴望吧。如果真的達成了，你們是否會感到滿足？」我說啊，當他們聽到這些時，絕對沒有任何一個人會拒絕，或說他們想要的是其他東西；每一個人都會覺得自己聽到自己長久以來渴求的事了，那就是和愛人團聚、二合為一。

這其中的原因就在於，這正是我們的原始天性，我們曾經是完整一體的。於是，對於變回完整狀態的欲望與渴求便稱為『愛』。而正如前面所說的，我們在很久以前跟神曾為一體，但如今卻因為我們的不義而與神分離，就像阿卡迪亞人（Arkader）被從拉卡蒂芒人（Lakedaimoniern）切分出來那樣。因此，我們必須感到害怕——如果我們對神做出不文明的行為，那我們就會再度被切成兩半，最後走路的模樣就會變得跟刻在墓碑上的浮雕一樣，然後鼻子從中間被鋸開，像個半成品似的。

這就是為什麼我們必須敦促所有人虔心向神，以躲避這般命運，並同時讓厄洛斯成為我們的指引與庇護。沒有人反對這一點，但與之背道而馳的人卻使自己變得令神憎惡。當我們與神友好、和解時，我們便會發現自己真正的喜好，並達成目前只有少數人能夠做到的事。

出自柏拉圖《會飲篇》

（翻譯：弗里德里希・史萊馬赫〔Friedrich Schleiermacher〕）

柏拉圖的厄洛斯遠超出性欲，而是渴望在與另一個人的結合中臻於完整，並達成自我實現。這確實跟現代對伴侶關係的個人主義式理解不甚相符；我們在與伴侶結合時，每一個個體都不應該丟失自己的自主性，而應該以對等的尊重、對等的自尊為基礎，為了共好而結為伴侶。但或許那種「浪漫」的理想能跟「伴侶關係」的理想相容吧，或者，換個方式來說：在沒有這種愛欲元素、甚至是對於長久鍵結的渴望的情況下，伴侶關係的理想便無法達成。現在，我們可以暫時不用解決這個問題，先來把**愛欲的人文主義**理解成一種思想與作為，具備人文主義特質的各種性別便在這其中共存。

「人文主義」蘊含許多不同的意義，從古代語言的建立、到《聖經》賦予人類「征服地球」的授權。我們將人文主義理解為「生而為人究竟代表什麼」的概念，並找出與這種人文主義理想近似的作為，將之融入其中。

我們在這裡談到的人文主義，指的並不是歷史中的時期，例如早期的義大利人文主義（佩脫拉克〔Petrarca〕）、十五及十六世紀的德國人文主義（伊拉斯謨〔Erasmus〕），或是最後在十九世紀出現的新人文主義（洪堡〔Humboldt〕）。它也不是西方或歐洲的特別文化現象，因為人文主義的作為也存在於其他文化當中。我們不必具備完整的人文主義哲學知識，就能夠理解人文主義的作為了。不過，如果能有一些哲學說明，能夠幫助我們提出質疑——所以，我們想以這種方式為這本書開場。

在人文主義思想與作為的核心概念中，人必須為自己的行為負責，並應該認可、尊重其他人。對於負責究竟代表什麼，這在哲學的領域內、外都有許多不同觀點。有些人認為——尤其是受到最近的科學發現的影響之後——為自己的行為負責的說法並不成立。依據這個觀點，「人類被一個又一個的理由所指引，例如自身興趣、有意識或無意識的恐懼及經驗」的說法就都只是迷思了。「人類行為皆有其理由、人類個體有能力理性權衡理由」這種想法的基礎為理性主義的誤解，或有些人稱之為邏各斯中心主義（logozentrisch）的誤解。精神分析學不是已經告訴我們，有些無意識的動機也會控制我們的行為了嗎？神經科學研究結果不是也說，大腦裡的特定程序可以決定我們的動作嗎？到頭來，我們不都被理解成生物，跟其他動物一樣憑著本能的直覺和習得的反射而有所舉動的嗎？

這些問題都值得我們仔細地一一回答，其中有些答案已經出版在其他著作之中[1]，在這裡就不需要再更深入地探討了。如果我們可以掌握到形塑人類生活方式的主要架構，那就足夠了，亦即：我們認為人類必須對自己所做的事負責，不只是大人，小孩也一樣；我們有時候會因為別人不負責任而怪罪他們；當我們覺

1　Julian Nida-Rümelin: Über menschliche Freiheit. Reclam 2005 und Verantwortung. Reclam 2011.

得別人沒有公正地對待他們的責任時，我們會怨恨他們；我們認真地對待他人，因為我們相信他們在做事、在評斷時會對自己負責。身為人文主義者，如果我們捍衛著人們的責任與自由，那我們其實到頭來就只是在延續大多數的人每天在做的事：我們對感受、想法與信念進行評斷，我們詢問別人的理由，我們向他們解釋自己的理由，我們考慮著自己該做什麼、哪些信念是合理的。就這樣，我們認為彼此是負責任的人，並以這種方式對待彼此。如果有人問說，我們怎麼知道自己能夠自由且負責任地行事，我們可以叫他去看看自己的處事方法。任何質疑人類責任的人，就是在質疑他們自己的行為、他們自己的處事。哲學家稱之為「述行矛盾」——這些人把自己套在裡面了。

人道的生活方式的特徵在於，我們將彼此視為人看待、互相尊重的處事方法。意思就是，我們相信彼此的行為舉止皆有其理由，我們的感受、態度及判斷背後也都有好的理由，而如果我們遇到更好的論述，我們也有辦法修正這些感受、態度及判斷。

人文主義的思想與實踐反對非人道的生活方式與處事。數位人文主義反對非人道的數位技術實踐[2]、教育人文主義反對非人道的教育理論與實踐[3]，而經濟人文主義反對只著重在最佳化的非人道經濟體系與實踐[4]。

如果人類被簡化為角色及性別刻板印象，那便是愛欲的人文主義所反對的非人道共存狀態。愛欲的人文主義的目標在於以人道的方式來理解性別關係與愛欲，並確保女性與男性之間、女性與女性之間，以及男性與男性之間能夠溝通、互相理解、交換，或甚至以柏拉圖的觀點來說，可以無拘無束、和樂融融，毫不受到社會偏見所侷限，或是不再有對圓形生物所施加的那些限制。

---

2 Julian Nida-Rümelin und Nathalie Weidenfeld: *Digitaler Humanismus. Eine Ethik für das Zeitalter der Künstlichen Intelligenz*. Piper 2018.

3 Julian Nida-Rümelin: *Philosophie einer humanen Bildung*. Edition Körber 2013.

4 Julian Nida-Rümelin: *Die Optimierungsfalle. Philosophie einer humanen Ökonomie*. Irisiana 2011.

第一章

兩腳上的腦袋：恥辱

讓我們想像一下，你今天早上翻開《圖片報》，讀到下面這段文字：

娜塔麗．W博士（三十八歲）譴責：夠了！寫給大眾的公開信

在當今這個時代裡，女性有勇氣公開談論她們受到男性的羞辱對待，讓我大受鼓舞，也想公開分享我的故事：我是一位充滿魅力的文化研究博士畢業生，正值我的黃金年華，多年來一直受到歧視對待。

這對一位擁有博士學位的女性而言並不容易——人們總是不斷地對我的聰明、才智與知識評頭論足。我就問，為什麼人們一直只看到我的單一面向呢？你覺得我身邊真的會有任何一個人公開地稱讚我的好身材嗎（相信我，我非常努力才有這樣的成就；我每週會進健身房三次）？我只遇過一次有人針對我的外表給予正面評論。那是我的鄰居S夫人，跟我的新髮型有關。男性當然不會有這類的問題，他們經常公開分享、稱讚彼此增肌的進展，以及成功甩肉的經驗。你覺得有人也會那樣對我們？

這種不平等的待遇讓我感到非常憤怒。為什麼我一直變簡化成只剩下聰明才智這一部分的自己呢？我難道沒有頭嗎？腿？手臂？眼睛？嘴巴？細腰？胸部？

我想要坦承一件事：我上禮拜從酒吧回家之後感覺很糟，大家又只會問我關於研究的事，我覺得，雖然我盡量有禮貌地回答，但沒人聽得懂。而我努力穿著不舒服的高跟鞋和緊身衣、決定要露出多一點肌膚，都沒有任何人發現，或即使他們發現了，不管男女，都不願意讓我知道。在回家的路上，我再也感覺不到我的身體了，覺得自己只不過是一個依靠兩條細小的腿的巨型膚色大腦走在街上。我完全可以感受到街上行人對我指指點點，低聲地說：「你看看她！她的大腦真棒！」

經過多年的沉默、多年來一直承受著這般侮辱，一直只被簡化為某一個面向的自己，現在我已經準備好站出來，向大眾說出我的痛苦。夠了！我們必須立刻終結這種行為，不要再把學者簡化成沒有身體的大腦了。我要求被視為一個完整的人對待，同時具備大腦、心和肉體，不要再把我簡化到只剩下聰明才智了。

你在讀這一段文字的時候可能會微笑，甚至大笑，或至少覺得它很奇怪。那現在，我們來延伸一下這個實驗，繼續讀下面這一段文字：

娜塔麗．W博士（三十八歲）譴責：夠了！寫給大眾的公開信

在當今這個時代裡，女性有勇氣公開談論她們受到男性的羞辱對待，讓我大受鼓舞，也想公開分享我的故事：我是一位充滿魅力的文化研究博士畢業生，正值我的黃金年華，多年來一直受到歧視對待。

這對一位充滿魅力的女性而言並不容易——人們總是不斷地對我的身體或任何跟我身材有關的東西評頭論足。我就問，為什麼人們一直只看到我的單一面向呢？你覺得我身邊真的會有任何一個人公開地稱讚我的聰明才智嗎（相信我，我非常努力才有這樣的成就）？我只遇過一次有人針對我的才智給予正面評論。那是我在馬克斯—普朗克研究所（Max-Planck-Institut）的唯一一位女同事S夫人，跟她讀了一篇我寫的新論文有關。

男性當然不會有這類的問題，他們經常公開分享、稱讚彼此的新研究進展，以及事業上的成功經驗。你覺得有人也會那樣對我們？

這種不平等的待遇讓我感到非常憤怒。為什麼我一直變簡化成只剩下身體這一部分的自己呢？我難道沒有大腦嗎？才智？精煉的語言？

我想要坦承一件事：我上禮拜從餐廳回家之後感覺很糟，大家又只想談論我的胸圍，或至少我的新髮型。我在回家的路上突然恐慌發作，再也感覺不到我的頭了，覺得自己只不過是無腦的身體走在街上。我完全可以感受到街上行人對我指指點點，低聲地說：「你看看她！她長得真好看！」

經過多年的沉默、多年來一直承受著這般侮辱，一直只被簡化為某一個面向的自己，現在，我已經準備好站出來、向大眾說出我的痛苦。夠了！

現在，你可能會覺得這段文字看起比較不那麼怪，雖然內容上只有一個細節變了。這裡的第一人稱敘事者抱怨自己受到羞辱，因為別人過分強調她的外貌特徵，而不是像前一篇是強調她的心智能力。我們會覺得前一篇很怪，但後面這一篇卻不會。這項事實應該足以讓我們停頓一下，合理地去質疑、批判會說出這種話的女性主義主導動機：「把關注焦點放在女性外貌特徵的男性就是在污辱女性。」

以色列哲學家阿維夏伊．馬各利特（Avishai Margalit）在對於理解人性尊嚴上做了相當廣泛的研究[1]，他把人性尊嚴的原則翻譯成不得損害任何人自尊的戒律。不過，這其中引起了許多問題。例如，有些人因為沒有被（非朋友的）鄰居邀去參加花園派對而感到被冒犯，那我們應該控訴那位鄰居違反人性尊嚴嗎？

光只是注意別人的外貌特徵本身並不帶有任何冒犯或污辱的內涵，人體並沒

1 Avishai Margalit: *Politik der Würde. Über Achtung und Verachtung*. Fest 1997.

有因為這樣就不受到尊重。人們對外貌特徵的關注在本質上並不污辱人，但在特定文化脈絡中確實會有污辱的效果，例如在天主教修道院裡，人們認為外貌特徵帶有愛欲的意涵，而愛欲同時又是一種罪孽。如果一位天主教修士稱讚修女的胸圍，那不只違反了他的貞節誓言，他也必定會侵犯、傷害或甚至羞辱到那位修女。對許多人而言，進入修道院相當於全然放棄愛欲與性生活，因此，被指稱為愛欲主體必然會使修女感到冒犯。

另一方面，如果同樣的情況發生在妓院，就不會引起冒犯的效果。如果一位妓院顧客針對性工作者的胸圍提出讚美，那不但不會冒犯到她，反而會鼓勵她給出實質的應對。甚至像兩位健身者互相稱讚彼此的增肌進展，也沒有任何可能會冒犯到對方的風險。

整體而言，我們可以說，在中歐與北歐文化裡，或像是美國、英國、沙烏地阿拉伯和伊朗等國家裡，暴露和展現身體、對身體的關注或尤其是裸露，顯然都被視為一種問題。早在「#MeToo」運動出現的前幾十年，對美國中產階級的白人新教徒而言，如果有人在沒有很熟的情況下談論對方的身體特徵，那就已經算是踏入危險的領域了。是的，好比在體育設施、游泳池與健身房，互不相識的人會避免盯著彼此的身體看，這是基本禮儀中的潛規則。美國女性一直到現在仍經常覺得歐洲或阿拉伯男性在「注視」（staring）她們——或這麼說好了，至少在上述信奉新教的中產階級白人社群當中，即使你眼神中帶有讚賞之意，特別盯著別人的身體看就會被認定為具有羞辱性的行為，或至少帶有性暗示意味。

在薩哈拉以南非洲的某些傳統文化裡，女性裸胸是每天都會看到的事。中歐與北歐國家在六八運動之後也有類似的發展，雖然近幾年內已經有明顯的轉向了，像在慕尼黑伊薩爾河畔，只有老一輩的人會袒胸或甚至全裸，但年輕一輩的人覺得光是露出上胸就很不恰當了，而相較於緊身泳褲，年輕男性也偏好穿著短褲來遮掩自己的第一性徵。

在這個脈絡之下，本書筆者於二〇二一年夏天在拿坡里考古博物館裡觀察到的東西也相當有趣。有一項展品是羅馬時期留下來的古董花瓶，上面飾著一幅婚宴的景象。其中，身穿昂貴衣袍的妻子坐著，盯著站在她眼前的新婚（或即將成親的）丈夫全裸地擺弄性感。除此之外，整體來說，我們可以很明確地注意到，大多數的羅馬及希臘館藏都在展現赤裸的男體。而這裡就產生了一個問題：這個現象該如何套入人們在蘿拉．莫薇（Laura Mulvey[2]）之後特別大力強調的女性

2 Mulvey, Laura: » Visual Pleasure and Narrative Cinema « Screen, Vol. 16, Issue 3, 1 Oktober 1975, S. 6 – 18.

主義理論呢？因為根據這個理論，父權文化的特點就是將女性（最好裸身）定位成男性凝視的對象，如此一來，便能夠將她們貶低為歡愉的物件。如果那些古物研究員沒有弄錯的話，女性在政治與社會上無權的現象不只存在於希臘古典時期，在古羅馬時期也是，而且她們終其一生都從屬在男性的監護之下。但如果真是如此，我們也不能反過來像莫薇，以及在她之後的許多女性主義電影與文化研究學家所普遍接受的那樣，說每次凝視裸體就總是等同於羞辱或挑釁的行徑（視淫[3]）。假如我們說，視淫理論只適用於「貪婪凝視屬文化禁忌」的情況中，那就聽起來可信得多了。不過，當「被渴望」這件事本身沒有什麼問題或羞辱意味的話，那麼，不論暴露於其中的受者性別為何，他們都可以藉由他人的注視獲得抬舉，尤其是在對方對自己抱持著「性趣」時更是如此。以那對在花瓶上的夫妻來說，（身穿衣著的）妻子對（裸身的）丈夫的凝視，就可以被詮釋為敬仰與愛慕的表現。

照此看來，女性主義羞辱理論的前提就顯得意有所指，而且很有問題：愛欲

3 Mulvey beruft sich hier auf Freuds These zur Skopophilie, die er in *Drei Abhandlungen zur Sexualtheorie* als sadistischen Trieb definiert. Fischer 1983.

是污穢的。但為什麼會這樣呢？這麼說好了，這個假設在對愛欲懷有敵意的文化裡是很自然的，但就算是在這種文化裡，我們也不應該去延伸或強化它。另一位美國電影理論學家——卡佳．絲爾薇曼（Kaja Silverman[4]）——提出了一個比較和善的理論，主張我們應該將對他人的觀看或凝視（不論他們是否有穿衣服）定義為一種充滿愛意的理想化可能性（愛的禮物〔the gift of love〕）。

這種文化變體解釋了政治批判的不確定性。當女性不穿上衣，這是一種道德墮落的跡象嗎？還是平等程度提升的表現，或甚至是回歸到對身體的原始自然理解？這類問題在古代就已經涉及哲學討論了，像是犬儒派哲學家克拉特斯（Krates），他在公開場合與摯愛的妻子結合，震驚了情欲自由的雅典文化。據傳，斯多葛主義之所以會成立，就是因為克拉特斯的學生芝諾（Zenon）不願意接受這種具有煽動意味的示愛行為。

由於每個文化對於丟臉、不敬、冒犯或甚至是污辱都有不同的看法，馬格利特將他原本「切勿損害他人存在的自尊」的原則修改為「切勿讓他人有任何理由損害他們的自尊感」。於是，一切就取決於脈絡與動機了。許多女性愈來愈覺得

4 Silverman, Kaja: *The Threshold of the Visible World*. Routledge: 1996.

別人在工作場所中討論她們的外表是一件不恰當的事，但也有女性認為，把這種讚賞視為污辱很是奇怪。世代身分與原生文化也在這些差異中扮演了重要的角色。如果有人確實有意以這些評論來傷害女性，或在他人面前貶低女性的表現，那受者會有被冒犯的感受也勢必合情合理。[5]

除了說話者的意圖之外，我們在過程中被激發的感受究竟是否正當，或是我們該顧及哪些感受、哪些感受有憑有據，也都在其中扮演著要角。在道德上，我們有義務考量到別人可能會產生的恐懼（即使毫無來由）、羞恥感（即使看似荒誕）、我們無法體會的宗教敏感點，以及看似不合時宜的文化傳統。你可以拒絕接受天主教的性倫理、你可以努力消除任何形式的身體敵意及性交恐懼，但對於那些由於身體敵意或性交恐懼而感到羞恥的人，你依然有義務去考量他們的感

5 我（娜塔麗．魏登費爾德）的個人經驗可以作為一個例子：《鏡報》於二〇〇一年二月十一日刊登的一篇文章（〈低胸與思想家的前額〉〔Dekolleté und Denkerstirn〕）是以亨瑞克．布洛德（Henryk M. Broder）採訪我的內容所撰寫而成。你很容易就可以從標題看出來，我上衣的領口正是文章的主題。我其實也沒有覺得怎麼樣，甚至或許還對於這樣公然的稱讚感到開心。但這段描述的原意屬於貶義，因為我的魅力跟我的膚淺與不聰明——引用自記者馬提亞斯．蓋爾（Matthias Geyer）的說法——具有比例相當的關聯，這對我丈夫的嚴肅與智慧而言，算是一種「怡人的互補」。該文章帶有性別歧視的意味，因為它強調我的女性氣質以貶抑我身而為人的名譽。

受。

雖說如此，我們也得謹記在心，並不是所有受傷或受辱的感受都是合理。如果我知道我女兒有蜘蛛恐懼症，那我就不會送她狼蛛當聖誕禮物。但如果她因為我們家裡有蜘蛛，然後把她對蜘蛛很敏感這件事拿來當作論點，堅持我們全家一定要搬新家，那我就不會將她這種誇大的敏感及無理的願望納入考量或採用。

然而，並非所有的敏感點都應該接收到同等的考量。例如，我因為幾乎不算認識我的鄰居就沒有邀他來參加我的庭院派對，但他卻因此覺得受到冒犯，那他就應該要反省一下自己到底有沒有理由這麼覺得。如果他對自己夠誠實的話，那他就會理解到因為我們不是朋友、他也沒有邀請我參加他的庭院派對，那他就沒有任何**客觀**理由感到被冒犯。他也應該要考量到，我無意藉由不邀請他的手段來冒犯他。

「一個人有意或無意傷害他人」絕非不相關的命題。好比說，我可能會因為伴侶說我體重增加而感到惱火、被冒犯，但當我發現他絲毫沒有一點要傷害我的意思，反而其實是想要跟我說他覺得肉一點很好看，那我就會（且必須）擱下我自己覺得被冒犯的感受。

在德國長大、持有德國護照的移民後代，會因為別人問他們原生國是哪裡而覺得受到冒犯。在這個情況下，我們同樣要考量到說話者的動機。假如這個問題出自一名新納粹主義者，他想要排擠受問者、讓對方難堪，那就算是羞辱。但假如提出問題的人是一位立意良善的同事，只是希望可以了解自己所重視的同事的背景，那麼，如果受問者覺得自己被人冒犯，那就算是反應不當了。

平民文化中含有非常細膩的規則系統，但我們通常對它幾乎一無所知；而在遵守這個系統的過程中，心理條件與社會脈絡扮演了很重要的角色。於是，人性尊嚴就不是單純只有心理基礎了（覺得被冒犯或受到傷害的真實感知），它同時也有規範上的基礎。我在跟陌生人講話的時候，應該要離多遠？我坐在某人對面的時候，應該要用什麼音量講話？我可以盯著某人的臉看多久，才不會讓他覺得煩？我應該要看哪裡才不會覺得羞愧？然後，這些規則又會如何隨著應用情境而產生變動？

在這些隨文化而異的常規系統中，它們的客觀、規範內容源自我們對他人的體貼考量。這正是為什麼並不是所有的敏感點都應該受到對等的尊重，否則我們就不可能得出共同的標準體系了。特別是在多元文化社會裡，讓擁有不同文化背景、宗教連結、倫理期待的人團結是很重要的事，那在這樣的文明當中，就必須要建立出某種形式的禮貌互動，好讓每個個體能夠依照自己的想法生活，不必受到他人的侵擾、批評與干預。

法國是另一個處理文化差異的例子——這個世俗國家禁止人們在公共場所穿著宗教服裝。這麼做有一些壞處，像是從傳統文化來到法國落腳的人就可能會做出惱怒、受辱的反應，甚至進而觸犯人性尊嚴。幾年前在法國南部就發生過這樣的事，法國警察在海灘上逮捕穆斯林女性，要求她們脫掉布基尼（Burkini）才可以繼續待在海灘上。但另一方面，這種標準化作法的好處是能夠定義出共同期待，減少、甚至消除不同文化實踐之間的衝突。

目前，歐洲的公立學校中也存在著一個類似的矛盾心理：人們應該強迫來自傳統穆斯林家庭的女孩上游泳課嗎？根據支持的論點，相較於女孩的父母，這個作法為她們帶來個人自由，讓她們更容易融入法國或歐洲其他各地的社會。或許女孩甚至會為此感到高興，可以藉由這件事脫離傳統服裝與行為規範。此外，這個作法也使共同期待得以標準化：不論性別或文化，所有都應該穿著規定服裝參與共同的體育課。但另一方面，對於那些跟家庭或宗教群體的傳統期待之間擁有深度連結的人而言，這種作法可能會觸犯她們的自尊，並進一步觸犯她們的個人尊嚴。其中可能的反對論點是，這又落回了純粹的心理觀點，因為到頭來，這些女孩並沒有理由感到羞恥啊，畢竟沒有人強迫她們裸體，就只是要她們跟其他非穆斯林女孩打扮得一樣。但前提是，我們必須對羞恥感訂立一個客觀標準，這個論點才能讓人信服。不過，有鑒於世界上有如此多元的文化實踐，而且人們對於「羞恥感」的認知顯然同時兼具普世性及巨大的文化差異，當我們要把這件事詮釋為文化偏見時，還必須想到：從這些論述看來，決定客觀標準的正是西方對服儀的期待。

然而，羞恥感合理與否的問題也取決於其他人的態度，其中還可能涉及雙方共同的錯誤認知。正當的羞恥感的基礎在於你相信別人在貶低你的價值，或甚至是以鄙視的態度評論你的行為。這就解釋了為什麼那些在別人面前裸體會感到羞恥的人，如果意識到沒有人期待你在三溫暖或天體沙灘等場合穿衣服，那羞恥感就會消失了。就這方面來看，我們可以說，穆斯林女孩從傳統家庭承繼而來的羞恥感便是基於一種錯誤認知，預設別人認為她們的服裝不雅。

我們可以來做一下以下這個思辨實驗：一位穆斯林女性獨自來到公共澡堂，旁邊沒有其他任何傳統的穆斯林男性或女性，那她就會知道，在這個情境裡，沒有人期待她穿著穆斯林所認定的合宜服裝，好比布基尼。因此，她就沒有理由感到羞恥了，就算剛開始要違背習慣脫光衣服可能會有點困難也一樣。不過，一旦有其他出身傳統穆斯林文化的人踏入澡堂，那情況就會產生變化。他們會期待她依照穆斯林的定義保持低調，如果她不這麼做的話，她就會因此變得難堪。但如果大家都知道，法國的澡堂場域禁止穿著傳統穆斯林文化所認可的服裝，那麼，人們就再也沒有理由要因為來自同樣宗教傳統的人而感到羞恥了。

在啟蒙後的西方社會中，禁忌復興驚人地將傳統的仇女、情色思想，以及女性主義所主張的性別隔離互相結合。人體並沒有什麼不純潔的地方，就跟智力一樣有其價值。當一位男性（或女性）在觀看另一位女性或稱讚對方的身材時，這個行為並不會自動等同於羞辱。如同我們前面解釋過的，這必須取決於文化與社會脈絡，以及說話者的動機。美貌和性吸引力就跟智慧和體能一樣，不應該是禁忌。

愛欲的人文主義盡可能地將個人的敏感點納入考量，但前提是要在一個適切的、被社會所接受的框架內才能夠成立，也就是說，我們的目標規範與價值應該要讓大家能夠共存於多元文化社會之中。

第二章

為什麼鴕鳥就可以跑得快：歧視

百米賽跑起點，出自尼古拉．德浮（Nicolas Deveaux）的《奧林匹克動物員》（*Athleticus*）系列[10]。

一隻鴕鳥在用自己的腳測試跑道的硬度，慢慢地將爪子壓入柔軟的紅色塑膠鋪皮。接著，他的對手來了，是一隻長頸鹿和兩隻大象。大夥兒到各自的起跑位置就定位，等待著「出發」的訊號。長頸鹿和鴕鳥很快地就佔了上風，所以兩隻大象很快就必須投降了。不久後，鴕鳥把其他人遠拋在後，顯然是場上最佳跑者。但他忽然停了下來。他的右腳受到重傷（我們稍候會看到他的腳踝明顯骨折），沒辦法再繼續跑了。當三隻紅鶴過去想要幫他時，他驕傲地拒絕了他們的援手。此時，兩隻大象和長頸鹿都已經跑完百米了，長頸鹿因為獲勝而受到表揚，並榮譽繞場一周。他們看到原本的對手仍在跑道上跛行、掙扎，他們停下了所有動作，彼此互相對望，似乎在思考現在應該做什麼。兩隻大象用鼻子搭成一個座椅，驕傲的鴕鳥猶豫片刻之後接受了他們的好意。就這樣，鴕鳥被抬著抵達終點線，畫面以外的觀眾齊聲歡呼、鼓掌。但究竟這一陣掌聲是因為他們的團結之舉而響起，或是想要表達鴕鳥應該獲得勝利，就留下值得討論的空間了。

這部由尼古拉·德浮執導的三分鐘動畫短片就許多方面來說相當傑出。首先是因為片中的戲劇性前提涉及了極端的不平等與不公正。大象怎麼可以跟鴕鳥在競速的體育項目中較勁呢？為什麼畫面外的主辦單位沒有針對這種體型上或基因上的不對等採取一些補償措施？像是讓兩隻大象穿上直排輪，或至少讓他們率先起跑？

不過，這部影片的重點並不在於消除既有的差異。大象以大象的方式跑步、長頸鹿以長頸鹿的方式跑步，而鴕鳥也順著他們的天性、以鴕鳥的方式跑步，所以

1 https://www.arte.tv/fr/videos/074576-022-A/athleticus/

他就能跑得比其他動物更快、更好。事實上，這部影片講的是動物之間的團結。長頸鹿和大象都知道，在這個項目中，鴕鳥是最傑出的，也應該獲得勝利，但這件事並不會讓大象或長頸鹿顯得渺小或相對沒有價值。相反地，當鴕鳥受傷時，他們的反應顯得有自信且有氣度，更臨場決定協力將鴕鳥抬向終點。

這樣的場景不太可能出現在人類的運動賽事中；誰跑得比較快，誰就獲勝，而且——沿用影片的譬喻——我們不會讓鴕鳥和大象相互較勁。換句話說，人類的運動賽事會將男性與女性區分開來；女性與女性競爭、男性與男性競爭，但女性就是不會對上男性。這難道不算是某種形式的歧視（Diskriminierung）嗎？

其實「Diskriminierung」一詞原本的意思是「區別」、「分辨」，但在現代的政治與文化意義中，這個詞牽涉到基於特定特徵而貶低他人或某一群體的行為。關於歧視的問題，我們可以從道德哲學切入，來作更精準的定義。讓我們延續前面的例子，性別不是跟表現無關嗎？支持這種性別區分形式的論點認為，假如特定群體基於遺傳條件或年齡而使得機會大幅降低的話，那體育競賽便失去意義了。因為這些競賽將男女區分開來，女性才會對它們產生興趣，要不然她們並沒有機會在這些運動項目中贏得獎牌。而年齡也一樣，在所有運動項目中都有不同年齡組的冠軍賽，包含青年組、壯年組，以及專為老年族群設置的樂齡組。通常是以五年為一輪，這樣人們才會對運動競賽產生興趣，同時也可以增加公平競爭的機會。有些運動甚至更進一步區分出不同體重量組[2]。

不過，即使是這樣相對無害的例子，也已經展現出定義並保障機會公平這件事有多麼地困難。在許多運動項目中，依據性別進行分組看起來似乎合理，因為不同的賀爾蒙平衡對於肌肉生長、體格與耐力影響確實深遠。即使有些論文指出性別之間的物理差異只不過是一種文化構建——這就經驗來看十分荒誕——但不同性別之間的巨大生物差異卻也是無庸置疑的。當然啦，這並不代表說每次我們在比較男女時這些差異都會出現，而是說在特徵的數據分配上確實具有明顯的差異。平均來說，十歲孩童的體育表現會比十五歲的人差上許多，這也是生物因素，而非文化因素。在上述這兩個例子中，雖然賀爾蒙平衡並不是唯一的關鍵因素，但確實仍扮演了相當重要的角色。

但如果一位女性運動員天生就雄性激素過剩呢？那在這個例子中，機會平等

2 然而，當歸屬特定性別時，就不再單純無害了。因為性別完全是以生物上的荷爾蒙數值進行定義，排除性別特徵，就會引起跟跨性別者或擁有混合性別者相關的問題。例如南非跑將卡斯特．瑟曼雅（Caster Semenya）的例子，在國際上便引起嚴肅討論——她是雙性順性女，睪丸激素數值特別高。因為這個案例，世界田徑總會決定當選手超過特定荷爾蒙數值時，就必須以人工方式降低女性體內的男性荷爾蒙。

不就受到威脅了嗎？或如果一位女性運動員因為家庭背景優渥，能夠雇用比較優質的教練和個人訓練師，因此取得更多的優勢呢？

為了達到這種絕對的機會平等，在實施體育政策上勢必有許多實際層面的問題，但撇開這些不談，另一個問題是：為什麼參賽運動員努力訓練這件事就只跟他們自身的表現有關呢？遺傳與表觀遺傳難道不會影響一個人是否願意讓自己承受折磨、重訓好幾個小時嗎？又或者是他在成長歷程中所受到的影響？其中，前者關乎於自然的生物資質，後者則是父母與教育者的表現。我們甚至可以主張不想知道誰特別努力，只想知道誰的體育表現最出色，就可以不管這到底是基於遺傳學與表觀遺傳學的巧合、社會性條件，又或者是他們自己的努力了。

照這樣看來，要實現徹底的機會平等，看起來就像是個不可能達成的烏托邦。我們該如何透過區分及補償來平衡所有在遺傳上、社會上及心理上的先決條件呢[3]？針對那些具備遺傳、社會及心理先天優勢的人，我們應該要給他們相對應的懲處，然後給那些因為先天生物資質而處於弱勢的人額外的獎勵分數嗎？為了確保那些在訓練時投入同等努力的人可以同時抵達終點，體重較重的人或睪固酮較少的人就應該要率先起跑（不論是時間上或空間上）嗎？

好吧，你現在可以反對說體育其實也沒什麼，所以拿這個領域來討論歧視和機會平等並不適合。但換個角度來想，正是因為體育競賽無害又具備趣味性，讓我們才可以用不偏頗的眼光來審視歧視與機會平等。究竟什麼東西是透過文化經驗所獲得的、什麼是天生的，這個問題實在頗為複雜。例如一個很顯著的現象：世界性的百米賽跑冠軍賽參賽者幾乎清一色都是深色皮膚的跑者。此時，我們可以合理假設，來自撒哈拉以南西非地區的人，他們的先天遺傳條件在短跑上特別佔有優勢，而擁有東非（衣索比亞、肯亞等）血緣的人則主宰了長跑項目，尤其是馬拉松。雖然跑者的國籍分布很廣泛（目前在短跑項目中以美國、牙買加、加

3 美國哲學家兼律師朗諾・德沃金（Ronald Dworkin）曾在不少重要文章中寫到平等機會的創造（in *Philosophy and Public Affairs* 10 (1981), pp. 185 - 246 and pp. 283 - 345, in *Iowa Law Journal* 73 (1987), pp. 54 – 72 and in *San Francisco Law Review* 22 (1987)；亦可詳見其著作《至上美德》〔*Sovereign Virtue*〕：*The Theory and Practice of Equality*, Cambridge/Mass. 2000），並建立了一系列的準則。正因為人們對於以平等機會為目標的政策的需求極為咄咄逼人，隨後很快便冒出非平等主義者的政治—哲學反運動，認為這種平等根本不算是一種價值，而我們應該以充分準則取代那些追求平等及對等的努力。於是，新的政治目標應該為人們提供足量的資源，使大家能夠過著符合人文主義的生活。換句話說，目標在於以「充分」取代「平等」。女性主義理論學家也有人支持這種針對平等的批評形式，例如伊莉莎白・安德森（Elisabeth Anderson）或安潔莉卡・克萊布斯（Angelika Krebs；詳見其所出版的著作《平等或正義》〔*Gleichheit oder Gerechtigkeit*〕）。關於平等主義者的新評論Suhrkamp 2000, und dazu wiederum kritisch: Julian Nida-Rümelin: *Demokratie und Wahrheit*. C.H. Beck 2006, besonders Kapitel 4, sowie *Die gefährdete Rationalität der Demokratie. Ein politischer Traktat*. Edition Körber 2020, Kapitel 1 – 4 und 17 – 19）。

拿大與英國為主），但有鑒於奴隸時代的移民與綁架歷史，那當然毫不牴觸這種由基因決定優勢的假設。除此之外，在其他情況下，相較於基因體質，隨機的社會與文化因素對於不平等分配現象具有更大的影響。好比說，深色皮膚的人幾乎很少參加國際游泳競賽，我們就可以假設這跟遺傳因素無關，反而是因為在世界上較貧窮的地區或工業社會中資源較匱乏的區域裡，能夠作為訓練場所的泳池比富裕地區少上許多。有些運動就跟社經地位相關，例如馬場馬術，或在過去，網球也屬於這類運動。但不論如何，如果要全然否認自然天性對於人類活動的影響，那就顯得愚昧了，雖然現在這種事正在以許多不同形式上演。

關於何為自然、而什麼東西又是透過人類創造才得以存在的，向來是各個文化文明都會討論的問題。在古典希臘時期，倫理與政治哲學的核心正是：何為「*nomô*」（亦即出自法律、傳統、人類決策）？何為「*physei*」（亦即自然秩序的表現）？亞里斯多德相信，家庭的基礎為自然的統治關係——自由人統治奴隸、父母統治孩子，而男性統治女性。但在這個自然的統治秩序之外，也就是在城市、在政治裡，秩序必須先透過市民的自願配合才得以建立。約翰．洛克（John Locke）的對手——英國王室與君主制的支持者羅伯特．費爾默（Robert Filmer）——依據自然家庭的模式來解釋封建秩序，認為君主可以決定他的子民的命運，正如一家之主握有全家命運的最後決定權那般。十九世紀的社會達爾文主義將查爾斯·達爾文（Charles Darwin）新構想的生物演化理論套用至社會、文化及政治情境中。於是，人們開始將「適者生存，不適者淘汰」——最能適應各種狀態者將得以存活、在生物學中不同物種及群體之間的競爭——視為社會與政治衝突的一種模式，帝國主義與後來的法西斯主義、國家社會主義都試圖加入這個論述，使社會達爾文主義正當化。此外，天主教的社會教學，尤其是性倫理，也不斷地強調合乎自然的論述。同性戀被視為一種罪，因為有鑒於性的目的是繁衍後代，所以這種行為想必是違反了自然秩序。

如果我們回到古代王國，就可以特別清楚地看出一切的基本模式：所有透過政治、社會與文化所建構出來的東西，皆可解釋為全知宇宙秩序的表現。好比全能的法老，他在自己的王國裡同時扮演了自然中太陽的角色，以及靈性秩序中的太陽神。事實上，根據許多文化實踐的詮釋，自然秩序都在在反映出社會關係。或者也可以這麼說：我們傾向把社會、文化與政治秩序投射到自然現象上。像十七世紀的理性主義就反映在行星的規律運行當中，世界像時鐘似的運行，每個齒輪互相咬合，萬物皆具備功能；後現代主義則反映在所有秩序的瓦解之中，重複著宇宙劫難的形式，包含恆星毀滅與天體相撞的不可預知，以及黑洞將萬物吸入虛無的拉力。在這樣的背景之下，為什麼人們常會對訴諸自然的論述起疑，就很容易理解了。但除了這些意識型態上的爭議，人們對於生物論的正當批判，似乎也常被拿來對抗自然本身，這有時候就顯得怪誕了。例如，許多人認為，IQ的經驗證據（姑且不管它的詳細測量內容）高度取決於遺傳因素的現象是一種誹謗，因為這件事並不符合我們的世界觀——我們相信，人的特質與能力完全是環境、教養、教育及個人努力的結果。不論它的內容與經驗證據究竟為何，只要它指出不同族群之間的遺傳差異，就會被貼上種族歧視的標籤，而指出男性與女性之間決定性的遺傳差異，就會被貼上性別歧視的標籤。

此外，平均而言，男生還是對科技比較感興趣，而相反地，女生則是對語言與社會議題；那麼在講求政治正確的時代裡，人們就會解釋說那是因為我們還沒做出足夠的努力去改變這些偏好。當人們要解釋既存差異時，「性別建構論」便是世世代代的學者的萬靈丹兼神奇魔咒。根據性別建構論的假設，男女在特質、性格、偏好、身體與心理素質、才能及興趣等方面所呈現出來的差異，全都是由社會所建構而成的。

如果我們把這個討論搬到更為切身相關的人類行為中來看，就會變得更加敏感了，從哈佛大學前校長羅倫・桑默斯（Lawrence Summers）一篇論文所引發的群情激憤程度便可見得。當時他表示，在聘雇教授時，自然科學與工程領域中仍存有嚴重的性別不均現象並不是因為歧視，而是從數據來看，在這些科目中最資優的人為男性的機率本來就比較高。此話一出，桑默斯受到女性同事嚴厲抨擊，最終不得不引咎辭職。

但除了才能分配不均屬實之外，整體來說，智力的分布也顯得異常。事實上，相較於女性的常態分布，男性的常態分布顯著地平坦許多，這意味著，處於兩個極端上的男性較多，不論是向下（低智商）或向上（高智商）皆然，而離中位數愈遠，性別差異便愈大。目前已有文獻證實，在青春期階段，認知受損的男性人數遠高於女性，因此，依照這項經驗證據來看，我們應該可以接受資賦優異的青少年一樣比青少女來得多[4]。在校成績不佳的男性遠多於女性，就讀學習障礙特殊學校的年輕男性與男童數量也顯著地多過同齡女性，但這些事實並不能被拿來當作年輕男性與男童處於劣勢的證據。同樣地，在資優鑑定中年輕男性與男

4 Johnson W., Carothers A., Deary I. J.: » Sex Differences in Variability in General Intelligence: A New Look at the Old Question «, in: Perspect. Psychol. Sci. 2008 Nov. 3(6), S. 518 – 531, sowie Joan C. Chrisler, Donald R. McCreary: Handbook of Gender Research in Psychology. Vol. 1: Gender Research in General and Experimental Psychology. Springer 2010.

童數量多於同齡女性的事實，也不能被拿來當作年輕女性與女童處於劣勢的證據。

數十年來，德國女學生的平均成績皆優於男學生，這算是歧視嗎？因為男生處於劣勢？絕對會有一些人用肯定句來回答這個問題，例如，他們可能會說，教育體制過於女性化——在日間托兒所、幼兒園和小學裡，女性教師與主管皆遠多於男性，在中學也有這個趨勢。但這並不能解釋，為什麼就平均而言，女學生在法律或醫學國家考試等高度競爭的考試中，表現顯著地優於男性同儕。根據一些發展心理學家的說法，那有可能是因為女學生和女老師之間具有某種默契，對於待人處事的方式有所共識，並會認為男孩子的行為舉止有問題。此外，相較於同齡女生，男生服用利他能（Ritalin）等鎮靜藥物的比例異常地高出許多，整整多了四倍。

當然，我們可以很正當地指認、批評這些帶有差別待遇的作法與實踐，但女生平均表現較佳的事實，並不能被拿來當作歧視的證據。事實上，並非所有分配不均現象都是歧視的結果。好比說，女生上課比較專心、寫作業比較用心，又比男生不容易分心，甚至擁有較強的野心時，這並不代表我們在歧視男生。即便我們假設男女在能力上呈現平均分配的趨勢，成就表現分配不均的現象也不能被拿來當作歧視的證據；可能是因為男女的興趣分配不均，抑或是平均來說，女生對於學校課程的興趣高於男生。在這個情況下，如果男生對於學習興趣低落的代價就是成績較差，那並不代表他們遭受歧視。

在照護機構與教育機構任職的女性遠多過男性，這可以拿來證明男性受到歧視嗎？也不是不可能，但說是由於男性對這類職業的興趣遠低於女性，那這就變成錯誤的假設了。在過去，照護機構有時候確實會基於成見而拒絕男性求職者，或甚至是為了杜絕雇用到潛在戀童傾向者的風險，但那都已經是過去式了。現在，不論是公立或私立的教育機構及照護機構，都致力於消除時而極端的性別代表落差，而在建立這種形象的同時，它們也希望不要帶給孩子固定的性別角色印象——孩子應該要有「男性也會照顧他們」的經驗，也必須理解照護並不只是女性的任務。

很多人可能會這麼說：女性在許多職業中超額代表的現象之所以不算是歧視男性，單純是因為這些職業的薪資待遇通常都很糟糕。確實是這樣沒錯，在幾乎所有工業化的西方國家裡，由女性佔大宗的職業的薪資待遇，皆顯著地低於由男性佔大宗的職業。這其中的因果關係仍不甚明確——是因為這些職業主要由女性從事，而傳統上來說，女性對於薪資的期待較低，所以這些職業的待遇才比較低嗎？還是因為因為社工性質的工作層級較低呢（男性護士的薪資待遇也很差）？德國的性別工資差異跟土耳其等其他情況類似的國家比起來嚴重許多，這個現象呼應到德國有較高比例的婦女會在孩子還小的時候選擇不工作、之後才再度回到職場。根據ifo經濟研究所（ifo Institut）二〇一七年的一篇研究指出，德國這種薪酬差距正是由於女性長期未投入職場，並因此缺乏專業經驗的結果。而在這樣的脈絡之下，該研究論文作者提到「母職懲罰」（motherhood penalty）的概念。此外，舊的文化模式也驚人地穩固，各式調查不斷顯示，多數女性希望伴侶的收入高於自己（反之則不成立）。

愛欲的人文主義並不是在爭取不同性別之間的平均分配，而是在於不同性別應該享有對等尊重的待遇，且不管是男性或女性，都應該擁有對等的機會可以撰寫自己的人生。

第三章

為何男人的鐮刀要是平滑的，女人的則要有鋸齒：工作市場的標準化和水平化

時間是晚上。剛退休的海因里希・洛海斯（Heinrich Lohse）坐在桌邊，與太太蕾娜特（Renate）和兒子迪特（Dieter）共進晚餐。當一家人正在吃主餐時，海因里希突然戲劇化地宣布：「從明天起，我將完全投入家庭！」

蕾娜特・洛海斯害怕地看著丈夫：「什麼意思？」

「我退休了。」他說。

「那我去端點心出來。」蕾娜特不帶任何情緒地說。她很快就知道，丈夫從此以後都會待在家裡究竟意味著什麼。

隔天早上，海因里希・洛海斯走進廚房，說：「我現在要去買東西。」

對於這個點子，蕾娜特・洛海斯完全提不起勁，她說：「但你根本不知道……」

「我之前當了十七年的採購部門主管。」他硬生生地打斷太太的話。

海因里希・洛海斯毅然決然帶著購物籃前往超市，並在一群家庭主婦中前行，抵達香腸專櫃。他充滿自信地宣布：「我叫洛海斯，我來買東西。」

一旁顧客困惑地看著他，於是他走到櫃檯。「嗯……我們有兩個選擇。」他對女店員說：「看是要我把整個清單一次唸給你聽，還是我們一個一個慢慢來。」

「什麼？」女店員錯愕地問。

「好吧。」海因里希・洛海斯說：「那請給我一罐芥末醬！」

在女店員告知價錢之後，洛海斯先生閉上眼睛，開始默默地在腦中計算。接著，他問：「如果我買多一點，會比較便宜嗎？」

不論是喜愛洛里奧特（Loriot）的人，或是熟悉他的喜劇電影《吝嗇一家》（*Pappa ante portas*，直譯《門前的爸爸》）的觀眾，都知道接下來會發生什麼事：幾天後，洛海斯家收到一大卡車從超市運送來的罐裝芥末醬。事發當天，洛海斯先生還為了要「幫」清潔婦的忙，誤把寢具組和羽絨被丟出窗外。完全無益於促進這位退休人士與妻子和平共處的可能性。

隨著電影劇情的演進，海因里希・洛海斯做出愈來愈多嚴重干擾生活的行為，他的婚姻關係也因此受到愈來愈大的威脅。他的妻子不只失去了對自己領地的掌控權，更開始覺得丈夫對自己一直以來所做的付出毫無感激之心。此外，她那退休的丈夫還樂此不疲地解釋，覺得現在他們的家務管理終於變得更有效率，開銷也更節省了。但事實上，這項計畫徹頭徹尾地失敗了——海因里希・洛海斯並未成功接管所謂的女性領域，正如同電影片名所暗示的，他就像「杵在羅馬城門之前」的漢尼拔（Hannibal）。但同樣地，家務事突然被搶走的蕾娜特・洛海斯雖然嘗試在男性主宰的職場世界裡尋找立足點，卻也不怎麼成功。她在上工的第一天就覺得不舒服，之後，隨著時間過去，她也發現，相較於她的實際工作表現，公司老闆對於她所投注的情緒勞動顯得更有興趣。

如果讓哲學家兼文化理論家伊萬・伊里奇（Ivan Illich）來詮釋這部電影的話，他的分析大概會是這樣：這對夫妻之間的問題在於他們一同參與的那場競爭——他們兩人在同一個領域內工作，而因此礙到對方。伊里奇在他的著作《屬》（*Genus*）[1]當中便論道，當我們將不同任務分配給不同性別時，這種作法不但不構成歧視，甚至能確保不同性別之間的和諧。根據伊里奇的觀點，在工業革命以前的男女勞務分工是最理想的情況。「在某座村莊裡，男人使用長柄大鐮刀、女人使用短柄小鐮刀，而在另一座村莊裡，男女皆使用短柄小鐮刀，但形狀不一樣——我們可以看得出來誰會握著把柄與刀鞘揮刀。在施蒂里亞（Steiermark），男人的鐮刀是平滑的，因為他們負責砍莖，而女人的是鋸齒狀的，這樣才可以捆稻草……原始生活的基礎一向在於如何分配共享的工具，不論

1　譯注：本書尚無中譯本，書名由譯者暫譯。

是狩獵者與採集者、農人與牧人的生活，抑或是在新石器時代或現代，皆是如此。」[2]

伊里奇常被批評為性別角色的保守論者，想要將女性推回原本的窠臼之中。但這樣的詮釋是錯誤的，因為這位哲學家很清楚地表示，重要的是「分配」這件事本身，並非分配的內容，而且也不是在所有文化當中的女性都要顧家，然後由男性負責貿易。他舉了馬來西亞、西薩赫爾（Sahel）地區與加勒比海的非西班牙區為例——這些地方通常都是由男性持家，而女性則會前往遙遠的他村販賣珠寶與陶器。

伊里奇的敵人是現代的工業化資本主義勞動市場。人家會怪罪他是因為現在的工作呈現出性別歧視的現象：女性被推入隱形、無償且幾乎無人表彰的家庭勞務，而男性則被推入產業中受到社會認可的職務，並因此得以經濟獨立。不過，伊里奇清楚地表示，假如男女所參與的活動受到同等的認可，那即使這些活動呈現男女互補狀態，這件事本身也不算是弊端。因為這並不代表女性在家庭中的工作表現最佳，或是男性在辦公室或工廠中的工作表現最佳，反而像是在一家經營

2 Ivan Illich: *Genus. Zu einer historischen Kritik der Gleichheit.* Beck 1995, S. 59 – 60.

良好的公司中，不同的職員有各自的活動領域，也可以為自己的工作負責。根據伊里奇的結論，男女可以且應該依照這種互相補足的方式進行分工。

不過，回到前述洛里奧特於一九九一年的電影作品，如果從平等女性主義的觀點來看，可能會有截然不同的詮釋。他們大概會批判電影設定在傳統的性別角色架構之中——男性只有待在自己拿手的領域中才是好的，也就是職場中，而另一方面，女性則是待在家中主導家務、顧小孩才是最快樂的。事實上，平等女性主義者看不慣男女之間的差別分工，他們反對所謂的「性別區隔（separate Sphäre）教條」讓女性維持在「只是家庭主婦與母親」的角色中、進而剝奪了她們個人更有創意的選項。

德國與其他許多西方國家便延續了平等女性主義，試圖在學校和勞力市場中透過各式刺激來鼓勵不同職業生涯規劃，以達成標準化，並弭平差異。舉例來說，漢堡—霍爾斯坦運輸公司（Verkehrsbetriebe Hamburg-Holstein，VHH）有一個廣告在宣傳車輛機電系統整合工程師*的高壓電技術培訓，海報中放了一位穿著格子襯衫、留著長髮的年輕女性，正在處理手中的模型車，但這個領域至今仍以男性為大宗。

但即使人們做了這些努力，對於數學和資訊科技等科目有興趣的男性依然超

因為你可以。
成為 VHH 高壓電技術車輛機電
系統整合工程師。

漢堡──霍爾斯坦運輸公司（VHH）的廣告。

出平均比例，而對語言和社會工作有興趣的女性也是。這項差異在教育培訓的階段尤其明顯。根據德國經濟與社會科學研究中心（Wirtschafts- und Sozialwissenschaftlichen Instituts；WSI）的一項報告顯示，女性在醫療助理等培育性質的職業中佔了百分之七十的比例，但德國金屬工會（IG Metall）卻指出，女性在車輛機電系統整合工程師當中只佔了百分之二．三。不過，根據黑森州大學性別及女性研究中心（Gender-und Frauenforschungszentrum der Hessischen Hochschulen，gFFZ）的調查，大學生對於學程的偏好同樣呈現出明確的性別差異：超過百分之六十的女性就讀護理與健康、社會工作、社會科學、法律、建築，以及語言與文化研究等領域，但選擇工業工程、機械工程與計算機科學等學位學程的女性卻低於百分之四十。

如同我們前面提過的，差異本身並不會自動等同於弊端，除非社會上認為其中一個群體的興趣比另一群體的更有價值。而在我們所處的社會中，這些被認為比較有價值的正是傳統上以男性為主的職業，好比機電工程或軟體開發。它們所受到的認可與薪資皆高於傳統上以女性為主的職業，例如教育工作或翻譯。不過，這其中的弊端並不是源自於男性在根本上獲得較多尊重，而是因為人們對特定活動較為敬重；而人們對於各項活動的評價，取決於社會、政治及文化條件。但這些是可以經過設計的，像是社會工作的薪酬比科技產業來得低，就不是什麼自然法則，而是由人所訂定的。從這個角度來看，如果我們想要追求性別平等，就不應該把重點放在打擊差異，而是將對等的尊嚴、對等的敬重、對等的表彰與差異互相結合。

但另一方面，我們也應該尊重並認可那些決定在成為母親之後暫停就業、或改以長期打工方式賺錢的女性。在這個脈絡之下，如果我們可以將育兒時間納入退休金的計算，那將會是一大進展，能夠抵銷掉女性主義思想的矛盾效應，因為這對許多女性而言——不論是年輕一輩的或中生代皆然——仍是無可避免的現實面，而這樣一來，家務主責的價值就不會再被貶抑了，甚至會因此提升。

我們在當代西方自由社會中可以明顯看到一種不連貫現象：社會一方面看重人們對於差異的考量，好比少數群體的差異，但另一方面又明確地將職業生涯標準化宣告為希望達成的目標。有些平等女性主義者可能會認為這種作法將進一步鞏固性別刻板印象。不過，後者實際上是個誤解——我們想達成的目標是尊重對於不同生活方式的選擇自由，並透過國家所提供的資源予以保障。

愛欲的人文主義的其中一個中心思想就是成為自己人生的作者，而即便你從數據上來看偏離了常態，也一樣能夠套用這個想法。像有一些女性就希望在生產後隨即回到職場，包括法國前司法部長拉希達・達蒂（Rachida Dati）便在產後短短五天再度參加部長會議，還有德國歌手鄔蒂・蘭普（Ute Lemper）也在生完第四胎的兩個月後回到舞台。這就是為什麼職業生涯及社會實踐應該要提供人們許多自主設計的空間。而這種多元性，非但不該被單向同化的作法加以阻礙，也不應該因為異於常態而遭受歧見。

如果我們唯一能接受的共存方式是以受僱生活與家庭生活的對等分配為基礎，那是不可能的，但另一方面，我們也不能讓性別差異的發展阻礙了個體的自主性。對於那些能夠將家務與職務平均分配的男男女女，我們必須於社會上及文化上認可並尊重他們的生活方式，而對於家庭主婦或家庭主夫，還有以男性為主要經濟來源、女性為附加經濟來源或情況相反的各種混合形式，也是一樣。

即使數據上顯示，不同性別在職業活動與家務勞動、在不同產業與不同資歷等層面上，呈現出不同的分配狀況，但愛欲的人文主義並不會批判這類的互補性，而是提倡人們應該對不同活動或專業領域抱持平等的尊重。愛欲的人文主義的另一個主張是，不要以新的常態替換舊的常態；它的重點不在於標準化或弭平差異，反而專注於分歧與變異，並且支持社會與政治給予多元化空間、將分工留給各個社群自己去調配。國家的家庭政策應該為了孩子的福祉推廣自決與合作的概念、加強家庭責任中自由自決的潛在可能，並採取實質的作法來緩衝由分離、疾病、照護需求或失業等情況所引發的生存危機。

第四章

掠食者和被掠食者的和諧共存：資源配額政策

紫色眼睛的小兔子哈茱蒂（Judy Hopps）跟同學一起站在學校講台上向我們解釋，過去的世界有著恐懼、背叛及嗜血。她說：「當時，我們的世界被一分為二：邪惡的掠食者與可愛的被掠食者。

「但隨著時間過去，我們經歷了演化、超越我們的原始野性。如今，掠食者與被掠食者和諧共處，而每一個年輕的哺乳動物都享有許多可能性。」

「沒錯，現在我不用再躲在羊群裡了。」小羊男說：「我甚至還可以成為太空人。」

「我也不再需要孤獨地狩獵了。」小豹男說：「現在，我要獵的是收入免稅額——我要當保險專員。」

「還有我，」小兔女茱蒂說：「我要讓世界變得更美好——我要成為真正的警察！」

台下觀眾笑了出來。小兔子的爸媽坐在禮堂的觀眾席上，憂傷地彼此互望。小兔子要當警察？怎麼可能？每個孩子都知道，只有獅子、花豹、水牛、北極熊和狼可以當警察。

「兔子警察！那是我這輩子聽過最蠢的事了。」一隻坐在觀眾席上的狐狸突然爆出這句話。但小兔子並沒有因此退縮——十五年後，多虧了「小型哺乳動物整合計畫」，她真的錄取上警校了。不過，一開始，她爸媽的擔憂似乎都一一應驗——不論是在攀爬、跑步或搏鬥，她都無法跟上獅子、北極熊和犀牛。但隨著時間過去，茱蒂學會運用策略、技巧與才智來讓她的處境發揮最大的效用，她甚至是同屆第一名從警校畢業的。

在頒獎典禮上，動物方城市的市長——強大的獅子獅明德（Leodore Lionheart）——趁這個機會親自將證書頒發給「小型哺乳動物整合計畫」的第一位畢業生，並祝福她未來一切順利。副市長羊咩咩（Dawn Bellwether）也向她道賀恭喜，雖然她隨後在典禮繼續進行的過程中被擺著父親姿態、居高臨下的獅子市長推到了一旁。

但對茱蒂而言，未來並不會這麼順利。當她跟水牛、北極熊、獅子和狼第一天來到第一分局上班時，不論是同事或蠻牛局長（Chief Bogo；滿身肌肉的水牛）都沒有注意到她，更別說是認真地看待她了。當其他人被指派去搜索十四名失蹤的掠食者（包括北極熊和水獺等）時，茱蒂卻被分派到街上開交通罰單。開停車單？她對於來到動物方城市工作的想像不是這樣的，但蠻牛局長壓根兒沒有想過要讓這隻「配額兔子」跟其他大型掠食者同事做一樣的工作。不過，當然啦，如果電影沒有演到茱蒂最後如何打破所有既定期待、闡明就連被掠食者也可以顯得相當強大，那好萊塢就不是好萊塢了。她找出了犯罪首腦——更確切來說，犯罪女首腦，也就是副市長羊咩咩——並因此拯救了整座動物方城市。原來，羊咩咩的叛變陰謀是為動物方城市裡的掠食者冠上糟糕的形象，然後將他們一個個從董事會和首長位置剔除，目的是將像她自己一樣道德應該無可挑剔的被掠食者安插到這些職務上。

這部電影想要傳達的訊息相當複雜：沒錯，配額保障很重要，可以確保（機會）平等，但另一方面，這種機制也是一種權力工具，可能會被有心人士濫用，並形成新的不公正局面。

首先，這部迪士尼電影《動物方城市》（*Zoomania*）乍看之下可以單純視作對於配額保障的訴求，因為很顯然地，如果沒有「小型哺乳動物整合計畫」的存在，茱蒂就不可能進到警校就讀。而不只是在《動物方城市》裡，在我們的真實世界中也有這樣的配額制度，旨在增加女性於商業、大學與國家機構等場域中的參與數據。二〇一七年，有十七個來自知名職業團體的女性聯盟參與了大規模的《柏林宣言》（*Berliner Erklärung*）訴求運動，包括德國女工程師協會（Deutscher Ingenieurinnenbund，dib）、德國女醫師協會（Deutscher Ärztinnenbund，DÄB），以及德國律師協會（Deutschen Anwaltverein，DAV）的女律師工作團體。以下是他們對德國聯邦議院提出的要求：

> 「有些事情正在發生！但在職場上與社會中的女性平權推動得太緩慢了、不夠決絕。現在是最適合採取下一步的時候了，即將到來的選舉期間——二〇一八年和一九年交際——正好是許多民主及平權重要歷史里程碑的紀念日，舉凡女性參政權一百週年、《基本法》平權條款七十週年，以及積極推動平等政策二十五週年。我們的核心政治訴求是：
>
> 一、平等參與；
>
> 二、平等薪酬；
>
> 三、平等政策的約束、透明化及監察。」

這些訴求清晰明確且具備連貫性：強制將百分之四十的公共資金分配給女性；如果董事會人事未達成性別配額的要求，就必須留下空的席位；如果無法達成目標，就必須採取財務制裁。

兩年後，《柏林宣言》的締約人再度重申他們的用意，認為其所提出的訴求具備前所未有的正當性，但在實踐上卻依然不足。他們針對明顯的下坡趨勢提出批判，寫道：「我們已經虛度太多寶貴的時間了。」於是，他們在二〇一九年聯邦政府的「期中審查」中呈上了以下這段《柏林宣言》[1]：

「女性與男性於商業、政治、科學、醫療、媒體、文化、法律及社會等領導位置的平等參與目標，務必於剩餘的立法限期內獲得優先重視，且務必跨部門共同執行——假若女性未參與這些決定性的職務，那不論是數位轉型、氣候保護，或社會凝聚力的提升，都將無法成功。我們已有實際執行上的證據證明，性別混合的管理團隊能夠較成功地運作，因為它們能夠達成較高的工作成效。」

事實上，研究指出，混合團隊的工作表現較佳，也具備較多創新力，或許是因為混合團隊中會有不同觀點且能力能夠互相交流。應用個體經濟學教授費迪南・馮・西門子（Ferdinand von Siemens）於法蘭克福大學（Goethe-Universität

1 https://www.berlinererklaerung.de/wp-content/uploads/2021/01/Berliner-Erkla%CC%88rung-Halbzeitbilanz2019-FINAL-1.pdf (abgerufen am 20. 8. 2021).

Frankfurt）的網站首頁上解釋了這其中的原因：「我們從社會心理學可以得知，男女在異性的面前都會改變自己的行為模式。根據**社交訊號**（social signaling）理論的解釋，這是因為每個人都會試圖向異性發出特別正向的訊號，讓自己顯得尤其具備吸引力。如果將這個理論套用至工作的脈絡中，那可能正是性別混合團隊能夠特別成功的另一項原因。」[2]

至少，現在在政治光譜的左端，各黨派正試圖確保男女在各個部門當中皆有平等的政治代表權。事實上，如果德國聯邦議會中的任何一個議會團體，例如聯盟黨（Unionsfraktion），只有四分之一的代表席位是女性的話，就會被人解釋為性別歧視，甚至連他們自家黨派的各個男女代表都會這樣批評。但這樣的詮釋真的合理嗎？

如果我們去看一下德國政黨成員中的女性比例數據，就會很清楚地發現，除了綠黨（Die Grüne）、左翼黨（Die Linke）及德國社會民主黨（SPD）之外，各

2 » Sind Männer in Teams mit Frauen produktiver ? «, Interview mit Ferdinand von Siemens, 29. September 2015, unter: https://aktuelles.uni-frankfurt.de/forschung/sindmaenner-in-teams-mit-frauen-produktiver/（abgerufen am5. 8. 2021）; siehe auch Ferdinand von Siemens: » Team Production, Gender Diversity, and Male Courtship Behaviour«, in: CESifo Working Paper No. 525, 2015.

政黨的女性代表皆比男性少上許多[3]。但其實任何人都可以加入政黨。如果女性對政治沒有興趣，因此不加入政黨，又或者加入了但沒興趣受任，那麼，女性代表在政治中比例低落的現象就不是歧視。不過，舉例來說，如果黨內民主制度的執行方式，是常常在傍晚的時候開委員會會議，然後一直到半夜才結束，那女性——尤其是母親——就無法參與這種形式的政治實踐，除非她們必須忽視人生中的其他重要目標。那麼，這種作法，即使不是有意的，也確實構成歧視了。此時，這樣的訴求就會顯得正當：改變黨內民主制度的政治文化，使各性別之間不同的生活方式都能夠平等地與之相容。另一種反歧視的策略是消除生活方式的差異，如此一來，女性就能平等地參與原先以男性為主的政治實踐。以上這兩種策略在活躍於政壇的女性當中，都各有支持者。

最後這個間接歧視的例子非常重要。人們已經一再且正當地指出，如果要投身科學職涯，就必須幾乎完全專注於科學工作上，尤其是人生中那幾年完全無法兼顧母職和家務的時期更是如此。在這個情況下，我們可以採取的策略同樣是終

3 Siehe Oskar Niedermayer: » Die soziale Zusammensetzung der Parteimitgliedschaften «, 26. August 2020, unter: https://www.bpb.de/politik/grundfragen/parteien-indeutschland/zahlen-und-fakten/140358/soziale-zusammensetzung (abgerufen am 1. 7. 2021).

結生活方式的差異，並讓父親與母親以相同的方式參與育兒及家務等活動，以消除間接歧視。不過，我們也可以去處理「招募年輕科學家」這種不合乎人文的作法，還有對於女性影響較大、涉及生活方式的相關歧視。以上兩種策略都很合理，而且互不衝突。

事實上，在德國大專院校任教的女性比例低於三分之一[4]。由於多數的大學行政都希望可以在教職方面達成平衡的性別代表，而且他們也已經發展出許多具體策略能夠一點一滴地執行平權計畫，因此，有時候在聘雇過程中，如果應徵者的資歷相當的話，他們會傾向優先雇用女性。在美國，「平權行動」（affirmative action，或直譯為「肯定性行動」）並不像德國法律有那麼嚴格的限制；在德國，如果要因為代表不足而優先錄取女性，那只有在跟資歷原則不互相衝突的情況下，才能獲得法律許可。因此，在德國，只有當大家的資歷彼此相當時，才有可能優先錄取代表不足的族群。不過，相較於其他代表不足的群體，人們在推廣嚴重身障者的聘雇時，會採取不同的標準。但不論如何，配額在美國的大學內扮演

4 » Frauenquote an deutschen Hochschulen und Universitäten «, Pressemeldung der WBS Gruppe, 15. Oktober 2019, unter: https://www.wbs-gruppe.de/presse/aktuelle-pressemeldungen/frauenquote-an-deutschen-hochschulen-unduniversitaeten-hier-arbeiten-die-meisten-professorinnen/(abgerufen am 5. 8. 2021).

了尤其重要的角色，不只是關於性別的區分，還有其他特徵也是，例如，他們會希望消除非裔美國人代表不足的現象。

配額有許多不同形式。在所有的民主政體當中，選舉制度中設有地方比例代表制，確保該國家內的所有地區在議會中都有代表席位。而許多機構內也有所謂的「天生」董事委員，他們因為具備特定的功用而自動成為董事會一員，這也是一種配額形式。在以上所有例子當中，各個促成配額的特徵都成為篩選過程中的重要一環，而這正是配額制度當中的矛盾所在，因為理想上而言，不管應徵者是男是女，這件事應該一點都不重要才對。歧視女性（或男性）並不只是將不同性別加以區別而已；如果有人正因為女性（或男性）的身分而導致利益受損，那更是如此。不過，舉例來說，如果因為執行篩選的一方並不知道應徵者究竟是男是女，那就不涉及身為女性（或男性）的這項特徵，過程中便沒有性別歧視的問題了。

在一九七〇年代，一位重要的音樂大師幾乎只清一色雇用男性應徵者，而當人們針對這一點對他提出批判時，他回應道，只有極少數女性音樂家擁有足以匹敵的才華，這又不是他的錯。對此，該城市的文化事務官建議那位大師在試鏡時讓應徵者站在簾幕之後，因為這個作法對聲音的影響幾乎可以忽略，同時又沒有人可以判斷演奏者究竟是男是女。大師同意了這項實驗，很快地，錄取到樂團裡的女性便多出了許多。這個方法讓性別在篩選過程中變得不相關了。

然而，配額也不是只有正向效益，它們也可能導向弊端與歧視。例如，平均來說，美國的亞裔學生在數學領域中的表現最為傑出，但由於美國多數大學在教職分配中都有配額制度，那就意味著，具備相同資歷的亞裔應徵者大大地處於劣勢之中。由此可知，配額可能會導向兩種有問題的結果：第一，它會讓原先跟成功與否毫不相關的特徵變得相關；第二，它會鞏固集體歸因。

回到前述樂團的例子，如果我們假設性別混合與否跟愛樂成不成功無關，因為重點應該在於音樂能力，那麼，歧視或優先錄用某人的作法就顯得不正當了。不過，並不是所有的配額形式都符合這種情況，好比以下這個例子：我們當然可以讓在幼兒園階段的孩子理解，照顧並支持他們不是女性專屬的工作，於是，在這類機構內聘用男性擔任教育者的這種作法就顯得很有意義了，可以提供小女孩和小男孩更多關於身分的可能性，同時向他們呈現不同的性別角色扮演。而在這個例子裡，性別在挑選程序中就不再是不相關因素了，而且它至少算是一種軟性配額制度，因為它建議，如果女性照顧者的比例超過百分之八十的話，那就優先錄取具備相同資歷的男性應徵者。

其實，就在短短幾十年之前，德國許多大學仍有系所的教職完全清一色為男性。這種現象之所以有問題，也是基於類似的理由——在女學生的印象中，這些學科是屬於男性的，如果她們想要成功的話，可能就必須順應該領域以男性為主的敘事方式，或乾脆就不要選這些學科了，因為它們看起來過於男性中心。在這樣的脈絡之下，大專院校的政策應該要確保兩性在不同的學科領域中都擁有充足的代表，不只是學生，老師的組成也是——這就會是一個合理的目標。

配額制度在某些情況下確實合情合理，但其中的弊端在於，它會使應徵者的某些特徵變成挑選程序中的相關因素，好比女性身分、會說德語（例如在南提洛〔Südtirol〕）或亞裔背景（例如在美國），並因此進一步強化集體判斷與實踐。其中，亞裔美國人並不是單一的文化群體，但透過配額制度的實踐，尤其在學術界更是如此，篩選過程儼然將他們視作這種虛擬集體的代表；非裔美國人、拉丁裔或高加索人的情況亦然。接著，他們就再也無法甩掉這項特徵了，即使這項特徵可能跟他們的自我意象完全無關。此時，「亞裔背景」就會導致他們無法去爭取那些「假如我的身分是非裔美國人」時可能會有的教職機會。雖然，在數據上，身為亞裔或非裔的這項特徵跟數學能力似乎相關，但兩者在本質上其實毫無關聯，但如果我們把它放到現在所討論的脈絡之下，兩者就又變得相關了。那這就違反了人文主義的觀點，因為在人文社會中，職業的篩選程序不應該涉及這類特徵。

這種集體主義式的缺點也可以套用至性別配額制度來討論。沿用前面的例子，一個人是女、是男本來跟科學能力毫無關聯，但因為配額的緣故，性別就成為篩選程序中的相關因素。如此一來，整體情勢究竟對一個人有利或不利，皆取決於當下的分配狀況。而如果我們說，個人權利與平等兩者互為牽連——換句話說，權利的基本定義就是平權——那麼，配額制度的實踐便違反了個人權利。這樣一來，配額就跟主張平等個人權利的體系互不相容了，因為根據自由開放的理解，膚色、宗教、背景或性別，都應該在對等的程度上跟個人權利的歸因與實踐無關。

事實上，關於配額的問題，就連愛欲的人文主義都沒有辦法提供簡單明確的答案。當我們在討論不同性別之間合乎人文的對待方式，或是在某些職業、政治及文化生活的範疇中的公正性時，我們的目標可以設在最低限度代表這種平均的分配狀況。不過，假如我們想要在所有生活範疇中尋得一個能夠概括的平均分配及適當配額，那就違反了人類個體的自我責任及自由。畢竟，大家的偏好和興趣都不一樣，甚至是性別或所屬的文化群體也都可能不同，那麼，概括性的架構就會跟人文主義所強調的「成為自己生命的作者」的理想產生衝突。合乎人文的實踐必須在個體自決、社會平衡，以及不同性別之間的合作，三者當中尋得平衡。

第五章

從撲粉的學究到灰色的上班西服：不平等的職場世界

早上七點，在慕尼黑機場的一個平凡早晨，身穿灰色西裝的男士們將公事包放到輸送帶上讓機場人員檢查。比較年輕的男性穿著淺灰色，比較年長的穿深灰色，而深藍色的西裝則都是超過五十歲的商務人士在穿的，他們稍後會坐在商務艙。他們的機器會在短時間內將他們帶往法蘭克福或杜塞道夫，又或許是柏林。但其實，目的地究竟是哪裡一點也不重要，因為反正不管到哪裡，等著他們的都是一樣的東西：會議。他們會坐在玻璃會議室內的深棕色桌邊，配上白色咖啡杯，與其他穿著西裝的男性討論下一個策略。在那些地方幾乎不太會看到女性。

當他們晚上回到家時，孩子都已經入睡了。如果幸運的話，妻子仍醒著，那他們就可以在疲憊地上床睡覺之前簡單地聊一下他們的一天——當然，總不能忘記再快速地瞄一下電子郵件。最後，隔天又會開啟另一個精疲力竭的一天。

社會科學及心理學直到最近才開始處理這個現象：男性在工作上和生活中顯得相當不同，但卻或許跟女性所受到的限制不相上下，因為他們同樣會接收到來自社會期待的壓迫，也必須在角色規範中掙扎。此外，學術界也開始討論在各種脈絡中專屬於男人與男孩的劣勢，例如教育體系等[1]。身兼醫生與記者的艾絲特・維拉爾（Esther Vilar）將這項觀察濃縮為一項理論，認為男性是遭受剝削的性別，幾乎欠缺個體性（所有人都穿著類似的功能性商務或工作服飾）；他們的生活目的與女性的不同，是以工作及為家庭賺錢為出發基礎，而且，其實他們所擔任的是具有服務性質的角色，即便他們自己並沒有意識到這件事。而在將男性訓練成工作機器的過程當中，母親扮演了核心角色。

佛洛伊德（Freud）曾經問道：「女人想要什麼？」維拉爾則在她的著作《被操縱的男人》（*Der dressierte Mann*）當中提問：「男人想要什麼？」她的答案如下：

> 「男人是負責工作的人；他藉著這份工作供養自己、他的妻子及他妻子的小孩。相反地，女人是不用（或僅暫時）工作的人；在她人生中的大部分光陰裡，她不需要供養自己或自己的小孩，更遑論她的丈夫了。
>
> 「她將男人身上所有女人可以利用的特質稱作『男性化』，而所有她或其他人都不會用到的特質則為『女性化』。於是，唯有當男人的外在特質顯得男性化

---

1 Barbara Rendtorff und Annedore Prengel (Hrsg.): *Kinder und ihr Geschlecht*. Jahrbuch Frauen- und Geschlechterforschung in der Erziehungswissenschaft, Folge 4. Budrich 2008.

的時候，他才會在與女人相處時獲得成功。換句話說，他的外在特質必須完全符合男人存在的唯一理由，亦即工作，而且他必須看起來隨時都能夠完成別人指派給他的每一項任務。

「大多數男人除了在晚上時會穿上只有二至四個口袋、色彩鮮豔的條紋睡衣之外，其他時刻都穿著某種灰色或棕色、耐污耐穿材質的制服。這些制服——或所謂的『西裝』——至少附有十個口袋，男人總會把他工作所需最重要的工具放在這些口袋裡面，隨手可得（相較之下，女人的衣物不管是白天或晚上穿的都沒有口袋，因為她不用工作）。

「在社交場合上，男人就可以穿上比較精美的黑色衣物了，因為黑色不容易弄髒，而且又可以更加突顯女人衣櫃裡的繽紛色彩。我們三不五時會看到一些穿著綠色或甚至是紅色正裝的男人，但他們仍然頗受歡迎，因為他們可以讓現場真正的男人顯得更加男性化。」

這本書出版於一九七一年，雖然距今已經相當久遠，但我們依然可以將它視為一種人文主義的詮釋、一種烏托邦，其中，被解放的生活不再那麼著重於工作，更重要的是自我實現。如此一來，維拉爾被指稱為反女性主義的思想就轉化為愛欲的人文主義的先驅了，強調互相尊重、個體自決，以及男女對等的極端工作限制。

如果我們回去看歐洲的文化史，會發現在中產階級革命之後，只有女性衣物保留了服飾中原有的貴族氣派、充滿玩味的本質。就連嚴肅的哲學家萊布尼茲（Leibniz，一六四六至一七一六年）本人，每天早上都會在臉上和假髮上撲粉，但最晚到了十九世紀時，只剩下女性會搞這些玩意兒——頹廢的花花公子除外。從回顧的角度來看，這種區分性別的方法再合理不過了（一方面，穿著制服的男人在工作中受苦，但又因此獲得自尊與驕傲，而在另一方面，必須照顧家庭和小孩的女人卻也能在自己的空間內享受自由），它並不是出自於任一性別的邪惡意志，反而是某種文化與經濟組織結構所衍生出來的結果，而且兩性在該結構當中皆有所獲得、也有所失去。

不過，在一九七〇年代時，絕大多數的女性主義者並不願意以這種方式思考。他們的目的在於強調女性所受到的無條件壓迫，所以維拉爾的論點當時不僅備受同期女性主義者批判，甚至遭受人身攻擊，或許也不太令人感到意外。舉例來說，維拉爾曾在一九七五年與愛莉絲・史瓦澤（Alice Schwarzer）進行的一次傳奇訪談中反駁道，男性的退休年齡不但比女性晚了三年，他們還得花人生中十五個月的時間服兵役，而女性在同樣的時間裡則能夠繼續追求自己的生涯目標，更別提男性會比女性更早死了。史瓦澤認為男性不該為此抱怨，因為身為母親的女性所需對抗的限制比男性所面臨的多上許多，對此，維拉爾只簡潔地反稱，孩子對男性而言是「人生監獄的入場券」，意思是——假設他至少是個可靠的人——為了讓他的孩子和家庭盡可能擁有良好的生活，他必須一直工作直到退休為止。

不論維拉爾的論點多具爭議性，我們可以從慕尼黑機場的職場中看出一項數據上的現實：儘管女學生的表現明顯比男學生好上許多，但是絕大部分的女性頂多只會繼續留在中階管理階層；相較之下，根據一份二〇一九年的調查，許多產業中的女性主管只佔了大概百分之三十的比例[2]。

這個悲慘的事實要怪給誰呢？是維拉爾有時候描述的、那些努力確保丈夫可以像訓練有素的賺錢機器的邪惡女性嗎？還是那些死巴著權力不放、不讓女性出頭的老白男（目前社會所接受的論述）？抑或其實是那些自己沒信心晉升、自願待在次要位階的女性？或許是因為她們覺得跟那些在管理位置上的男性相比，她們升官後對工作環境的滿意度會下降？至少這是二〇一七年一項美國研究所發現的結果[3]。

這時候，那些捍衛傳統性別秩序的男性就會跳出來反對，認為女性如果不想要以跟男性同樣的方式追求事業的話，那當然是她們自己的責任，然後他們就會在公開辯答中被批評，說他們對女性的印象很過時。不過，如果女性被迫違背意願去實現男性模範，那也會被詮釋為厭女。

如果我們再仔細一點來審視職場，很快就會碰到人本的問題。許多實證研究發現，相較於男性，女性更加謹慎地對待她們的生理與心理健康，至於這其中的

2 聯邦統計局：» Frauen in Führungspositionen «, Erhebung 2019, unter: https://www.destatis.de/DE/Themen/Arbeit/Arbeitsmarkt/Qualitaet-Arbeit/Dimension-1/frauen-fuehrungspositionen.html (abgerufen am 5. 8. 2021).

年齡以上（含）至未滿歲數	2019
十五至二十四歲	38,8
二十五至三十四歲	34,4
二十五至六十四歲	29,5
三十五至四十四歲	30,4
四十五至五十四歲	27,8
五十五至六十四歲	28,1
六十五至七十四歲	26,8
七十五歲及以上	—

3 Daniela Lup: » Something to Celebrate (or not): The Differing Impact of Promotion to Manager on the Job Satisfaction of Women and Men «, in: *Sage Journal*, 20. August 2017, unter: https://doi.org/10.1177/0950017017713932(abgerufen am 5. 8. 2021).

文化角色或遺傳影響，我們可以先暫時擱置一旁。不論如何，在西方工業社會中，女性的壽命一般來說都比較長，遇到健康問題時也會較早處理。這也意味著，在所有年齡層當中，女性的平均健康狀態皆高於男性，符合各年齡層健康與生活品質的性別比較研究結果。而世界衛生組織的資料也顯示，全世界的女性平均比男性多活四．四年；德國的數據為四．八年，而日本甚至多達七．一年[4]。

4 » Vergleich der durchschnittlichen Lebenserwartung «, unter: https://www.laenderdaten.info/lebenserwartung.php(abgerufen am 5. 8. 2021).

非洲預期壽命	男性	女性
西非	56.75年	58.78年
北非	69.96年	73.68年
東非	62.40年	66.67年
中非	57.92年	61.38年
南非	60.25年	67.12年
美洲預期壽命	**男性**	**女性**
北美洲	76.49年	81.41年
加勒比海地區	70.62年	75.53年
南美洲	72.54年	79.20年
中美洲	72.10年	77.95年

這時候，我們可以假設這項差異跟男女在遺傳學上的差異有關，換句話說，他們的生物結構不同。然而，這個假設似乎是錯誤的。根據人口學家馬克．路易（Marc Luy）的研究發現，同一間修道院內的男僧與女僧的壽命長度只相差一至兩年而已[5]，但除此之外，也有其他研究[6]指出，在像吉布茲（Kibbuz）等同質

亞洲預期壽命	男性	女性
東亞	75.16年	79.89年
東南亞	69.46年	75.47年
南亞	68.49年	71.04年
中亞	68.63年	74.49年
中東	72.08年	76.86年
澳洲預期壽命	**男性**	**女性**
澳洲及紐西蘭	80.62年	84.69年
歐洲預期壽命	**男性**	**女性**
西歐	79.36年	84.37年
大不列顛群島	79.56年	83.17年
東歐	69.35年	78.57年
北歐	78.60年	83.50年
南歐	79.68年	84.71年

5 Siehe https://cloisterstudy.eu/Klosterstudie_geschlechter differenzen.pdf (abgerufen am 25. 8. 2021).

6 Bayliss, Clarke und Whitfield: » Problems in comparative longevity « unter https://www.ncbi.nlm.nih.gov/pmc/articles/PMC5379454/pdf/jrcollphyslond90336– 0050.pdf (abgerufen am 20. 8. 2021):

社會中，男女壽命會互相調和。從這些證據來看，健康程度及壽命長度的差異，確實跟男女之間不同的生活型態相關，其中也包括了他們對於自身身體的態度。舉例來說，男女罹患皮膚癌的機率相當，但因此喪生的男性遠多於女性。研究表示，這跟男性對待健康問題的態度不同於女性有關。他們對待自己身體的態度較為輕忽，並且傾向冒較大的風險——尤其是在年紀較輕的時候——相對的代價就是比較不健康、壽命比較短[7]。甚至如果我們將人類發展指數（Human Development Index，HDI）——聯合國用以比較不同國家的發展程度所衍生的生活品質時所採用的標準——拿來套用到個別國家內的男女生活品質，也幾乎會在所有工業化國家中得到類似的結果：女性的人類發展指數高於男性。

事實上，女性會迴避某些職涯規劃這件事有很多可以討論的地方，因為她們不想要面對這些狀況：隨時待命、經常飛來飛去、勞力剝削到很晚等。她們之所以不願意去做這些事，其中一個原因在於照顧小孩、長輩及其他需要的親屬等形式的家務；數據證實，女性在這方面所承擔的程度比男性大上許多。女性科學家沒有小孩、未婚的比例就比一般大眾高出許多，但即便如此，就連那些沒有家庭

7 Deutsches Ärzteblatt（1998）https://www.aerzteblatt.de/archiv/9625/Maennergesundheit-und-Lebenserwartung-Der-fruehe-Tod-des-starken-Geschlechts（abgerufen am 20. 8. 2021）.

責任的女性科學家，都仍會抱怨科學界的文化令她們感到反感，因為它的特徵就是充滿殘酷競爭、視野狹隘與自我譴責的男性文化。人們也將在美國成年男性與少年之間的言語攻擊（verbal aggressiveness）現象放在這個脈絡中來討論，那是男性爭取主導地位的一種手段，以具有攻擊性、迅速且充滿自信的論證形式呈現，目的在於恫嚇，並展示他們虛假的優勢。當然也有女性科學家相當擅長做這件事，但這種作法在男性科學家之間來得更加常見。而相較於女性年輕科學家，科學生涯的典型特徵——視野狹隘，也就是只專注於某個特定的研究問題或是終其一生都在做某項研究計畫——在男性年輕科學家群體中也更加普遍。

即使有人會認為分配不均本身並不是什麼弊病，但我們應該去檢視在這些特定主要領域中分配不均現象，它們背後很重要的因素是否在於生涯路徑與工作環境不符合人文主義。我們可以合理地質疑：為什麼偏偏是男性會讓自己陷於這種不人性的情境中呢？針對這個問題，社會心理學家大衛．巴斯（David Buss）提出一個答案。他在一項大型社會研究中得到的結論指出，男性對於社會地位的渴望之所以比女性更為明確，是因為他們想要且能夠以這種方式獲得性伴侶。如果巴斯的說法能讓你信服，那麼女性在擇偶時傾向選擇地位高於自己的對象，似乎是一項跨文化的社會心理事實。巴斯在一九九四年的著作《慾望的演化》（*Die*

Evolution des Begehrens）裡描述道，基於女性的演化傳統，不論她們的文化背景為何，她們都會專注於可以保護、撫養她們的男性，並願意回以性服務。雖然這項發現似乎滿足了最糟糕的、政治不正確的刻板印象，但該數據及統計確實取自史上最大型的全球人類擇偶行為研究。如果男性在職業上的雄心真的對演化有利的話，那麼，公司剝削這種社會生物特徵、並進而促使男性自我剝削的作法，就顯得不合倫理了；這種作法，至少在西方國家裡，也會導致較不健康的生活型態，壽命更因此而大幅縮短。

從這個角度來看，當我們將職場生涯變得更加人性化，不但能夠鼓勵女性投入職場，同時也能促成對男性更加友善的工作條件。事實上，近年來，年輕男性反抗嚴苛、不人性工作條件的現象愈來愈常見；相較於較老一輩的男性，現在的年輕人也愈來愈重視家庭生活與職業活動之間的相容性。像在工作面試篩選的過程中，比起薪資等級與職業發展選擇，年輕的應徵者更加重視職業與家庭生活的相容性，以及工作地點，這讓年紀較長的人力資源專員感到十分訝異。以前薪資與聲望才是重點，其他任何考量都是其次，甚至如果有疑慮的話，家庭也必須為此做出調適；但這種在過去不證自明的作法，現在對於很大一部分的年輕世代而言已經終結了。在家庭生活中參與度更高、可以花更多時間陪孩子，可以讓現代的年輕男性感到更為富足。

愛欲的人文主義代表的是讓職場變得更加人性化。如此一來不但可以提升女性在職場的整體參與度，還有她們在管理職位的比例，另外也可以延長壽命——尤其是男性的壽命。最後也能改善工作與家庭的相容度，並且鬆綁性別關係。

第六章

潘蜜拉的悲劇故事：Me Too

我記得有一次有個男的在公車上磨蹭我，我轉身非常大聲地跟他說：「先生，可以請您停止用陰莖磨蹭我嗎？」然後我可以跟您們說，他馬上就住手了。

凱薩琳．米雷（Catherine Millet）

於二〇一八年一月十四日與《法蘭克福匯報》（*FAZ*）之訪談

噢！邪惡的男人心這麼黑，怎麼還能夠看起來如此穩定、不受影響？而可憐無辜的人在他們面前卻顯得像是罪人似的！

擷取自山謬．理查森（Samuel Richardson）

《潘蜜拉》（*Pamela, Or Virtue Rewarded*）

親愛的媽媽：

讓我繼續說說我的悲慘故事吧。那時候，我把眼淚擦乾後就走進去，然後開始想我現在該怎麼做才是最好的。有時候我會想，我應該要離開那棟房子、搬到另一座城鎮，然後在那裡等待另一個機會上門，但我不知道到底該不該把他給我的東西也帶上，或是應該以什麼方式帶著。接著我又覺得最好把它們留下來，只要帶自己的衣服就好、把它們背著，但我要走兩英里半。我又打扮得挺好的，說不定我在路上會被人攻擊、遇到跟我現在想要逃離的危險類似的狀況。我可能會被人指控偷東西，然後被迫逃亡、背負惡名回家，那會是一件多麼悲慘的事！噢，我多麼希望自己有帶到你之前辛苦為我做的那件簡單、樸實的灰色衣服。那時候我還不到十二歲，是我人生中最好的歲月。然後我也會想，或許我可以信任杰金斯太太（Mrs Jerkins）、詢問她的建議，但因為他叫我要保密所有的事，我怕他可能會因為對自己的行為感到羞恥而再也不去嘗試。而且因為杰金斯太太很依賴他，她這輩子也已經經歷過太多不幸了，如果我又為她帶來更多不幸，那簡直太悲慘了。[1]

《潘蜜拉》是英國作家山謬・理查森於一七四〇年的作品，常被稱為「我們文化史上的第一本小說」。在書中，純真、盡責的十五歲女僕潘蜜拉來到頹廢、

1 Ausschnitt aus Kapitel 7 aus Samuel Richardsons Briefroman *Pamela, or Virtue Rewarded* aus dem Jahr 1740. Übersetzung von Nathalie Weidenfeld.

不受道德約束的貝德福郡（Bedfordshire）貴族莊園，但過不了多久，她的雇主就看上了可憐的潘蜜拉的天真，從此之後，潘蜜拉便踏上了漫長的受苦之途。至於為什麼她不早一點離開，作者在以上這個段落中提出的解釋相當糟糕：她要怎麼在不被其他人強暴的情況下，獨自去到下一座城鎮呢？如果她離開的話，難道村民不會指控她偷東西嗎？她又該如何信任另一位女僕呢？對方本身也仰賴著她們的雇主啊。潘蜜拉可以確定的是，她無從改變自己的悲慘境遇。於是，我們就這樣讀了一頁又一頁關於那個色欲薰心的貴族背棄信義、試圖色誘潘蜜拉的行徑，毫不害臊地使出綁架和肢體暴力的手段達成目的。而潘蜜拉的對抗方法顯得可憐——她假裝變得歇斯底里、書寫長信，甚至嘗試自殘。最後，潘蜜拉成功馴服那個好色之徒，他屈服並向她求婚，潘蜜拉便成為了貴夫人。

當時，生活在這本小說出版的時代的人，就已經知道《潘蜜拉》裡所描繪的性別群像實為荒謬的諷刺敘事，更因此催生了許多諷刺作品予以回應，包括作家伊麗莎．海伍德（Eliza Haywood）的《反潘蜜拉》（*The Anti-Pamela, or Feign'd Innocence Detected*），將潘蜜拉改寫成一個有意運用自身魅力以提升社會地位的女主角形象。

雖然《潘蜜拉》情緒渲染的作法顯得過分——又或者說，正是因為如此——

這本書大獲成功。更確切來說，這本書信體小說以通俗劇的模式進行敘事，其敘事風格高度訴諸於情感，希望藉此攫取讀者的情緒、激發讀者的憤慨之情。小說的創作年代正值十八世紀中期，當時新興的社會劇變帶來許多不確定性與恐懼，而整部作品是在一個清晰的摩尼教世界觀框架中運行，亦即：世界上唯有善與惡之分。在這樣的時空背景之下，這部通俗小說試圖提出一個簡單而因此顯得適切的答案：善的那一端是道德，以及對於正義、恢復秩序的渴望，而惡的那一端則是道德敗壞、混亂與不公不義。於是，後人也經常採用同樣的綱要，以潘蜜拉為範式來描述這種根本上的衝突——一邊是純真、受威脅的少女，另一邊則是像通俗文本研究學者彼得．布魯克斯（Peter Brooks）所描述的「穿著深色大衣、有著低沉聲線」的邪惡男人。事實上，通俗劇這種體裁以獨特的方式結合了懸疑與動作劇情，並具備煽情主題、呈現生理與心理上的折磨，於過去兩百年間發展成我們西方文化史上最強大的類型。關於這件事，創作《鐘樓怪人》（*Der Glöckner von Notre Dame*）的法國作家維克多．雨果（Victor Hugo）早已料及。如同他在自己的戲劇作品《克倫威爾》（*Cromwell*；一八二七年）的序言中寫道，通俗劇（Melodram）[2]於新（民主）時代中堪稱完美體裁，因為它的主角擁有自由意志、必須

2 Die damals geläufige Bezeichnung lautete » romantisches Theater «.

為自己的行為負責，而且相較於古代悲劇，更不是受神意所玩弄的對象。通俗劇無意將我們的視線從醜陋、邪惡與不公不義的事物上轉移；相反地，根據雨果的說法，指認出社會上不公不義不平之事正是他的任務，並且還要借助他的情緒力量喚醒公民、創造出人們對於正義的渴望。

如今，我們在每個角落都能找到通俗劇式的敘事。不論是在報紙文章、對話或彩色雜誌中，都會看到各種問題皆以情緒煽動的方式呈現、被塞入非黑即白的框架裡，然後再植入二元化的世界秩序中，其中某些人永遠位在道德正確的一方，而其他人則處於道德應受指責的一方。「Me Too」議題正是依據這種模式進行。任何不幸落到通俗劇式報導砧板上的對象都將很難成功脫身。

上述這個現象可以在先前於二〇一七年辭職的英國國防大臣麥可．法隆（Michael Fallon）的案例中清楚看出。他在事發的十五年前，也就是二〇〇二年時，曾經輕拍記者茱莉亞．哈特利─布魯爾（Julia Hartley-Brewer）的膝蓋，而根據他本人的說法，他事後很快就已經向對方道歉了。在法隆辭職時，哈特利─布魯爾不斷向媒體證實自己對於「膝蓋事件」並未抱持任何疑慮，甚至認為對方因為觸碰自己的膝蓋而辭職一事「既瘋狂又荒謬」。畢竟，當初她自己已經妥善處理好這起侵犯事件，當面跟對方說：「如果您再這麼做的話，我就會賞您一巴掌」了。然而，不管她多麼努力地違抗一切的陳腔濫調，她仍舊無法突破；她依然落在那個無助又無辜的受害者角色中，依然是潘蜜拉，而根據通俗劇的模板，她能夠獲得救贖的唯一方式只有揭露痛苦、盼望拯救，不管是透過犧牲自我或是借助於騎乘白馬的救命恩人皆可。她甚至在推特（Twitter）上發了一則幽默貼文：「今天早上做了完整的健康檢查。沒錯，我的兩邊膝蓋都還好好的。大家穩住情緒啊。」但連這都幫不了她。

「Me Too」議題經常將複雜的情況壓縮至簡易的通俗敘事裡——許多無辜、善良、無助、陷於不安全處境的女性突然之間變成潘蜜拉，落入強大掠食者的魔掌之中，無法逃脫。但這種敘事不但沒有鼓勵女性捍衛自己，像是清楚表示自己不會容忍某些行為、侵擾或攻擊，反而重複確立受害者的被動狀態。正因為這種敘事的簡易性質，它創造了一種危險的刻板印象，牴觸了具備人文主義價值的分析與實踐。

通俗文本的傳統主題充滿了危機。它們鞏固偏見、操縱了社會的判斷，甚至損害到女性本身，如同藝術理論家布拉姆．戴斯德拉（Bram Dijkstra）在一九八六年的書《惡之偶像：在世紀末文化中惡女人的幻象》（*Idols of Perversity: The Feminine Evil in Fin-de-siècle Culture*）中所指出的，在十九世紀末的文化裡，舉凡文

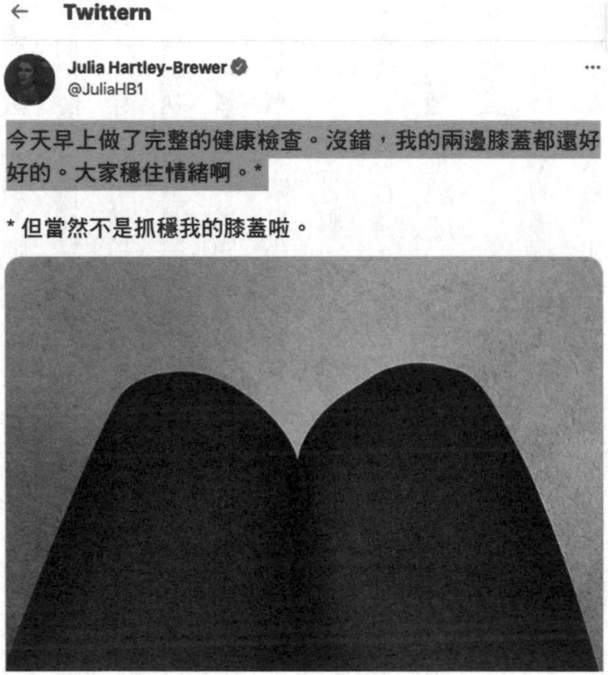
Twittern
Julia Hartley-Brewer
@JuliaHB1
今天早上做了完整的健康檢查。沒錯，我的兩邊膝蓋都還好好的。大家穩住情緒啊。*
* 但當然不是抓穩我的膝蓋啦。

茱莉亞・哈特利—布魯爾的推特貼文。

學、歌劇與戲劇等視覺或敘事藝術中，皆呈現出各種厭女的刻板印象，好比將女性描繪成致命的人面獅身斯芬克斯（Sphinx）、純潔服從的少女，或是無助的仙女。

甚至是現在仍在發生中的「Me Too」辯論，我們也可以把它過度解讀為「潘蜜拉劇情」及其通俗劇式的傳統主題的重啟——至少這個議題當中包含了一些關鍵特徵：

一、反派角色是握有權力卻又道德墮落而野蠻的白人「性掠食者」（predator）——這個詞已經成為美國媒體在這個脈絡當中的固定詞彙。

二、女性被放在無權且無助的的刻板框架當中。

三、我們不應該期待女性說「不」或以任何方式清楚地表達拒絕，因為男性所掌握的權力太大、太過有自信，又或者太過咄咄逼人。因此，現代女性就跟潘蜜拉一樣，被迫痛苦、悲慘地接受她們的命運，而且只能努力試著把傷害降到最小。到最後，潘蜜拉成功跟折磨她的人結婚，也有一、兩位遭受溫斯坦（Weinstein）[3]侵害的對象得到她們想要的角色。

四、由性掠食者所提供的「不道德」利益，以及可能隨之而來的碰觸，被視為一種罪行，表述了這個世界的不公不義。近年來，人們對於暴力行為的定義已經大幅改變。有些行為在幾年前可能會被認為是笨拙、愚蠢的搭訕，但現在卻會被認定為侵犯、羞辱或傷害等舉動。

3 譯注：指好萊塢電影製作人哈維・溫斯坦（Harvey Weinstein）。

關於最後這項特徵，我們在流行偶像、金髮美女合唱團（Blondie）成員黛比・哈利（Debbie Harry）於二〇一九年出版的自傳中，可以看到一個很戲劇化的例子。她提到，大衛・鮑伊（David Bowie）曾經在她的伴侶克里斯・史坦（Chris Stein）恰好外出時露出自己的陰莖讓她「評鑑」，但她不想要對不起克里斯，而且克里斯隨時都可能回來，因此決定不涉入後續的動作。這番發言在社群媒體上激起眾憤，因為女性不應該將如此露骨、展現男性主權的行徑輕描淡寫地帶過。一位義憤填膺的採訪者問及這件事時，哈利的反應顯得毫不合理，她無法理解鮑伊向她展現陰莖這件事為什麼會讓人感到如此震驚；當時的其他女性也不會將這種行為解讀為侵犯或侮辱。此外，採訪者堅決表示，鮑伊當時算是處於比哈利更優越的地位，但她並無法理解這個問題，因為她自己也是檯面上一線的團體成員——她認為對方的舉動更像是一種恭維。

事實上，笨拙的搭訕行為在媒體上所獲得的關注比強暴來得更多，這個現象在受害者眼裡想必像是一種嘲笑吧。但在美國常被用來描述那些曾經歷性騷擾的詞彙——「倖存者」（survivor）——不只是一種形式的歇斯底里，同時也讓其他更加糟糕的罪行，好比納粹時期的猶太大屠殺，顯得不那麼重要了。

讓我們回想一下，「Me Too」剛開始是由非裔美國民權運動家塔拉娜・柏克

（Tarana Burke）於二〇〇六年發起的運動與詞彙。二〇一七年，美國演員艾莉莎・米蘭諾（Alyssa Milano）開始使用「#MeToo」標籤，呼籲其他女性一起在網路上公開自己曾經遭受過的性受害經驗。而當蜜拉・索維諾（Mira Sorvino）與羅珊娜・艾奎特（Rosanna Arquette）等演員開始陸續使用「#MeToo」指控哈維・溫斯坦性騷擾她們，甚至強暴了蘿絲・麥高文（Rose McGowan）和艾莎・阿基多（Asia Argento），這個標籤開始真正引起高度關注。溫斯坦最終於二〇二〇年被判二十三年有期徒刑而入獄。[4]

然而，「Me Too」運動本身其實很模稜兩可。一方面，它顯示出女性可以捍衛自己、不必在有權有勢的男性面前畏畏縮縮，但另一方面又鞏固了女性受害者的模板，並且誇大地將女性描繪成沉默的受難者，被迫在電影巨擘的旅館房間內

4 有趣的是，雖然在一、兩個歐洲國家中也有發生類似的公眾討論，但明確跳出來指控的例子仍相對罕見，大眾的反應也保守許多。讓美國女性主義者無法置信的是，歐美之所以會有這樣的差異是因為在歐洲握有權力的白人男性的實際作法並不一樣，但父權結構依然盛行於大西洋地區，人們比較不敢、也不願意澄清，整個社會缺乏勇氣。有些歐洲女性起身反對「Me Too」運動，其中也包括自認為女性主義者的人。凱薩琳・丹妮芙（Catherine Deneuve）等年度最傑出女性（99 prominenten Frauen）於法國報紙《世界報》（*Le Monde*）公開呼籲大眾小心落入極權主義社會，對男性產生仇恨、使性自由受到危害。此舉特別引起一陣騷動。

接受自己的命運。另外，這個運動所造成的次要傷害，也包括讓不同性別之間互不信任的現象愈來愈嚴重，而這種文化目前正在世界各地——尤其是美國——陸續產出荒誕的結果。

根據美國休士頓大學（University of Houston）經濟學家琳恩・艾華特（Leanne Atwater）於二〇一九年所進行的「#MeToo」運動後座力衝擊（#MeToo Backlash）研究[5]，在所有受試男性當中有百分之十九表示不會雇用有魅力的女性，百分之二十一表示不會雇用女性擔任有密切合作需求的職位，而百分之二十七承認自己會盡可能避免與女性進行一對一談話。基於這種愈來愈缺乏信任的現象，公司與大學內正發展出某種性別隔離主義，而這對女性的職涯機會帶來負面的影響，因為她們被屏除於各項活動之外，也無法加入仍由男性主導的權力核心。

幾年前，時任美國副總統的麥克・彭斯（Mike Pence）曾表示，除了他太太之外，他絕對不會跟其他女性單獨在同一個空間內用餐（I would never dine alone in a room with a woman who is not my wife.）。這番發言引起一陣騷動。如果他沒有

5 Siehe » The #MeToo Backlash «, in: *Harvard Business Review*, September/Oktober 2019, unter: https://hbr.org/2019/09/the-metoo-backlash (abgerufen am 5. 8. 2021).

邀請白宮職員到他的旅館套房或燈光昏暗的酒吧，那沒有人會批評他，但如果我們認知到在政壇上，共進午餐對於討論決策和建立信任有多麼重要的話，就可以理解為什麼許多女性將這段宣告視為排除女性、對女性不利的作法。許多美國議員甚至更變本加厲地執行「彭斯守則」，拒絕跟女同事單獨坐在同一輛車上出差，或調整辦公時間以避免於晨間或夜深時跟女同事單獨待在同一棟辦公大樓裡。

就彭斯的案例來看，這種心態背後或許隱藏著男性對於女性誘惑的恐懼，但他們更擔心的是自己之後可能會被女同事誣告性騷擾，然後他們的職業生涯與名譽就會因此陷入危機。事實上，過分拘謹的作法在美國正大為盛行，包括男性對於穿泳褲游泳感到害羞、努力在健身房內避免與女性產生眼神接觸，或拒絕裸體泡三溫暖。人們對於調情行為感到沒安全感的現象也衍生出嚴格的「交往過程」規則，而父親擔心女兒撞見自己裸體的現象——美國中產階級清教徒的過分拘謹思維——也開始散播至歐洲部分國家，在當地產生副作用。

最近，我（娜塔麗．魏登費爾德）在巴黎遇到一位老先生，從他的服裝打扮看來應該事業相當成功。他拒絕和我單獨搭同一趟電梯，解釋道他想免除之後被我「誣告」性騷擾的可能性。我非常震驚。這種事情如果在紐約發生大概不會這麼令人感到驚訝——順帶一提，我長年住在紐約，那是一座很令人驚豔的城市，但同時又帶有暴力的潛能——但在巴黎？這座充滿輕鬆浪漫情調的城市？我本來不是還暗自希望這個國家會掀起一大波主打情欲放蕩的反動、將盎格魯－撒克遜的清教道德觀趕回原處嗎？他們不是應該要再次跟這個受驚的世界表明「雖然生命中的一切都很嚴肅，但生命有限，其中一定有些例外不必如此嚴肅看待」嗎？首先像是男女之間的交集，不管是一男兩女或一女兩男（有哪部重要的法國電影沒有涉及三角戀的嗎？）就算是一個例外？所以我們現在就連在巴黎都應該要拿由不信任與嫉妒、戒備與陰鬱而生的那個嚴肅得要命的性別戰爭來取代它嗎？不論如何，我感覺自己受到不公平對待，而且，沒錯，我覺得自己被那位老先生羞辱了。

「Me Too」運動還有另一個危機在於它模糊了粗俗戲弄、性騷擾、脅迫與強暴等概念之間的界線——至少這是法國女性主義者、哲學家伊莉莎白．巴登戴（Elisabeth Badinter）所害怕的事。她曾接受知名記者莉亞．薩拉梅（Léa Salamé）訪問，稱讚「Me Too」運動帶給女性勇氣，在面對有權有勢的男性騷擾時可以捍衛自己，但與此同時，巴登戴也認為這是一種危機：當我們沒有把法定上的強暴罪與搭訕、騷擾或操縱（所謂的「獻殷勤」）加以區分的話，前者的嚴重性就會逐漸弱化。法國的「揭發你的豬」（Balance Ton Porc）運動由記者桑德拉・繆勒（Sandra Müller）發起——德國媒體經常不是很精準地將它翻譯為「揭發你的豬」運動（正確來說是「除掉你的豬」）。當時，繆勒公開控訴一位法國私人電視台主管先是稱讚她的胸圍，接著表示「可以讓你整晚高潮不斷」。她將這件事公諸於Instagram，召集所有女性職員揪出她們的老闆（「豬」），確保他們丟了工作（「除掉」）[6]。巴登戴坦言，她非常憂慮法國的性別關係，現在正因為這類被媒體大肆渲染的行徑而變得混亂。她說：「我感到窒息。這裡現在有一大塊鉛塊壓在我們身上，一天比一天都更多一些。人們斷章取義，一段話突然就變得很曖昧了，然後再把它貼到推特上，突然各種憤慨、指控就排山倒海地湧現……」[7]

不過，男性——或更準確地說，異性戀男性——也躲不過成為潘蜜拉的命運，又或者他們自願地擔起了這個角色。舉例來說，一名任職於知名的紐約大學的教授，最近因為被指控重複騷擾一位長相好看的年輕男研究生而遭懲停職一年（她

6 該名男性主管受到大眾羞辱，被稱為性掠食者，丟了工作與名聲。他在抗訴中表示該行為是「他調情的權利」，並對告女方誹謗。雖然他最後贏了官司，但他的聲譽和事業都已經全毀了。

7 Léa Salamé: *Femmes Puissantes*. Les Arènes 2020, S. 128.

在外流的電子郵件中稱他為「我的愛」、「小獵犬」或「讓我好想抱抱的可愛寶貝」)。雖然在這個案例中，男研究生的生涯發展並不全然仰賴於她，他可以隨時去找其他指導老師，但這段關係引發醜聞，並導致該名教授停職一年。在「交往政策」（fraternization policies）[8]的標題下，美國普遍禁止職場上的交往關係，尤其是上司與下屬之間的交往。雖然這種官司經常打輸，但這些公司規定依然具有效力，同時也反映出很大一部分美國人的道德觀。

控制人們的愛欲生活向來是許多神職人員、君主或其他領袖的目標，這樣一來，情欲才不會顯得如此具有威脅性、如此令人不安。人類的文化歷史中便充滿了這種例子。我們並不需要去否認那些促進穩定共同期許、減少惱人局面的傳統框架確實在文化上及社會上有其功用，但當我們愈嚴格地去遵守、執行這些傳統，那我們每個個體「作為自己生命的主人」的身分就會受到愈大的威脅。愛欲的人文主義所主張的是個人責任，到頭來，能夠真正去評斷一段愛欲關係的道德面的，仍舊是參與其中的個體，而且有必要的話，他們也才是真正必須去考量這

8 Am Beispiel der Workable Technology Limited nachzulesen unter: https://resources.workable.com/fraternizationpolicy(abgerufen am 5. 8. 2021).

些問題的人。在德國與其他地方有不少婚姻都是先從工作關係開始萌芽、結果的。根據線上職場網絡平台Xing於二〇一七年所委辦的一項研究顯示，約有三分之一的受雇者曾在職場上戀愛，而其中有三分之一的人為主管。若依照美國的普遍解讀來看，這些關係觸犯了交往政策，是違法的——在許多州內，雇主能夠要求雇員終止交往關係，而且如果關係未獲終止，雇主能夠解雇其中一方或雙方。

現在，我們千萬別陷入自欺的狀態。可想而知，男主治醫生與他的女助理醫生之間的關係勢必會在職場上為他們的服務單位帶來挑戰：兩人在伴侶關係內的對等狀態該如何與工作上的從屬關係調和呢？我們要怎麼確定團隊中其他同事的權益不會因為他們的特殊親密關係而受損呢？假如他們的私人感情關係結束，但工作關係依然存在，那會發生什麼事呢？由此看來，我們當然可以下定論說，將工作關係結合私情通常是不合適的作法，但這種不適切性並不代表州政府或公司管理階層就可以正當地禁止職場交往關係，不管牽涉其中的人員屬於哪個職位階層皆然。在美國的這些公司準則當中，舉報責任是很重要的一環，而這其中的問題也很大，因為它會形成一種情感依賴——那些沒有參與其中但或許有權下達指令、執行懲處的人，得知了這些極為私密的事情，而必須表達立場、做出判斷。在美國有一個詞叫「論斷主義」（judgmentalism），也就是進行論斷、正當地批判。舉報責任便是一種約定俗成的論斷主義形式。如果我們只是把這種慣例視為一種可行作法，讓職員能夠在立場中立的考量下釐清自己良知上的衝突，那就完全合理。但如果它變成了一種責任和權威，那就違反了個體的自主權與人類尊嚴。

德國現在在大學校園等場所中也有愈來愈多所謂的「反性騷擾、性歧視及性暴力之保護原則」，其中也包含了「濫用附從關係」。但跟大家普遍所想的不同，處於附從關係中的兩人之間的愛欲關係並不涵蓋在內；這裡所指的是附從關係的濫用，例如將性興趣強加至下屬身上，便會受到制裁。理論上，德國甚至允許醫生和自己的病患發展愛欲關係，只要這件事是在醫療場域之外發生，且不影響醫療諮詢，就沒有問題。即使一般來說，德國的國家醫療協會禁止醫生與病患發展愛欲關係，但唯有在涉及不正當的性濫用時，也就是當醫生濫用病患的依附關係時，兩者之間的交往才算非法。然而，有趣的是，受害者對於加害者所執行的性行為究竟是否知情同意，在法律上並不相關。

奇怪的是，愛欲關係或性關係受到污名化，但其他形式的親密關係卻沒有。英文裡所說的「兄弟情誼」（male bonding）在管理階層的職涯中扮演了重要的角色，而職場上的「姊妹情誼」應該也愈來愈重要。換句話說，人們為了達成共同目標，人際之間帶有私人同情心的緊密關係至關重要，而且通常是同性之間的。像這種由互相邀約、結伴旅行或一起運動所建立的連結，通常會比短暫的愛欲情事來得更加緊密。

讓我們從自由與平等的觀點切入，假設成年人對於自己的行為肩負了同等的責任，那我們就可以理解，兩個人互相產生愛欲連結這件事本身已經超乎公眾於道德上與法律上的評斷範疇。真要說的話，道德評價只能發生在社交場域中，像是當事人與他們的伴侶、或可能還有他們的家人之間。當雙方在不被允許的情況下將愛欲與工作場域互相結合，並藉此提供或獲得法律上不容許的益處時，才會產生問題。因此，我們務必將非法提供益處及無人受害的兩種不同情況加以區分。無論如何，光是兩個人在工作上具有權力差異的這件事本身，並不能使任何親密關係於道德上或法律上遭禁。此外，權力差異可能會影響關係形式的論點也很不切實際，因為我們永遠不可能保證親密關係不會受到其他因素（如教育、社會地位、財富等）影響。從實際經驗來看，親密關係中的權力差異也常會在特定情境中被拉平或甚至翻轉；歷史上就有許多著名案例（好比巴伐利亞的蘿拉．蒙提〔Lola Montez〕與法國的龐巴度夫人〔Madame Pompadour〕）。

我們無法硬是將愛欲塞進狹隘的傳統框架內，那會危害到我們身為自己人生的主人的地位。每個人都為自己做決定，要給哪一份好感——不論是來自同性或異性對象——進一步發展的機會？要加深跟哪一位調情對象的關係？要接受或推延哪一個邀約？而這些都無關乎他們與其他人之間所維持的關係。他們知道墜入愛河與愛情本身的危險性、其中可能衍生出來的傷害、被拒方的怨恨，以及可能會讓工作分心的強烈情感，但只要他們是成人且心智健全，那就也只有他們自己可以決定要進入哪一段愛欲關係，不管地位為何、不管是否存在任何權力關係或工作關係都一樣。沒有任何一個人有權利去限制個人於愛欲上的自主性；那些旨在將愛欲排除於職場之外、強制實施特定傳統的方針，尤其是由美國公司所發布的那些（交往政策），都是非法的，而且也不應該被合法化[9]。那些針對愛欲、以保護弱勢方與防止權力濫用為藉口所進行的道德教化，在在攻擊著個人自由及人類尊嚴。至於歐洲文化是否禁得起不斷從大西洋的另一端燒過來的火勢，以及那些透過電影、影集等文化產品所傳達的價值，就讓我們等著看了。

9 二〇一五年，美國公司沃爾瑪（Walmart）在德國打輸一場官司，因為根據他們的倫理原則，他們想要禁止歐洲分公司雇員之間的調情行為。

愛欲的人文主義說得很清楚：成人有權利在不受第三方影響及評斷的情況下選擇自己的朋友，以及他們的親密伴侶。即使相關當事人之間涉及其他形式的關係，例如任職於同一間公司，這份權利依然存在。違反愛欲自主這項人權的法律規定與行為準則，於倫理上是不被接受的。我們應該將人權優先擺在那些據稱好用的傳統之前。

第七章

單身派對和炙燒龍蝦：權力的性愛

當充滿陽剛之氣、四處搭訕女性的達米安（Damien）在腦部受傷之後清醒時，他發現周遭世界裡的性別關係完全顛倒了，握有權力的一方變成女性，而男性的地位低於女性。其中的證據包括，首先，掌握所有重要單位與職務的是女性，第二，男性被性物化。穿短褲露出肌膚的，還有穿著色彩鮮豔、印有花花圖案服飾的，以及裸身在廣告海報上搔首弄姿的都不是女性，而是男性；他們會從女性那邊獲得稱讚與貴重的禮物，甚至連在共度春宵之後也是。二〇一八年的法國喜劇電影《我不是隨便的男人》（*Je ne suis pas un homme facile*；德文片名為 *Kein Mann für leichte Stunden*）想傳達的訊息很明確：身為性客體、被渴望的人所處的地位較他人來得更低。而事實上，許多從女性主義衍生而出的思維正是以這個假設為基礎，但事情真的是這樣嗎？

如果這個假設成立的話，那娼妓就算是社會上屈服於最低位置的女性了。但娼妓對自身情況的感受是什麼呢？我們想要找人來解答這個問題，於是我（娜塔麗．魏登費爾德）安排跟茉莉（Jasmin，非本名）碰面，她是一位充滿魅力的五十多歲女性，過去曾為娼妓，一直到十年前才沒做，現在手上同時經營著數間妓院。

我跟茉莉在一間小咖啡廳碰面，她的外型很引人注目，穿著黑色的緊身褲、高筒靴，以及白色的貼身襯衫，凸顯出她豐滿的胸圍。另外再加上她的一頭紅長髮與豐唇，真的非常吸睛，雖然對男性來說可能尤其亮眼，但女性也會特別注意她。

「我猜你應該有感覺到自己剛剛走進來的時候，在場所有的男性都轉過去看你，對吧？」

茉莉笑著說道：「對，常常這樣。」

「那你的感覺是什麼？」

「感覺很好。」她笑著回答：「我的意思是，那算是正面的事吧。那代表人家注意到你，把他們的時間、目光給了你。對我來說，那是一件好事，那可以開啟連結、對話。多虧了我的魅力，我常常可以去一些別人去不了的地方，像最近有個很有名的足球員在一間飯店辦私人派對，我只是剛好和朋友坐在那裡的酒吧聊天，就被邀去參加派對了。」

「你會不會覺得自己因為很有性魅力而能夠發揮力量？」

「絕對是啊。我可以很明顯地感覺到男人被我吸引，然後他們常常會願意幫我忙，可能是在餐廳，服務生就會幫我上一些很特別的菜，像上禮拜我就吃到菜單上根本沒有的酒燒蝦，或像是計程車司機不收我錢那類的事情。有時候我覺得他們好像會被我嚇到，甚至幾乎會害怕我。我不會藉此佔人家便宜，但這會給我安全感，還有一種優越感。」

「怎麼去運用情欲權力這件事，是學的來的嗎？」我很好奇。

「不，我覺得不行，但這是隨著歲月累積而來的東西。我覺得年輕女性比較不會有，這其中摻雜了一點人生歷練的成分。」

「你是從什麼時候開始意識到自己擁有情欲權力的？」

「我會說，一直到接近三十歲時才有。」

「情欲權力有什麼黑暗面嗎？」

茉莉想了一下，說：「我覺得光有情欲權力並沒有什麼用。至少如果你住在德國的話就是這樣，但在義大利情況就不一樣了。我很喜歡也很常去那裡度假。舉例來說，那裡的新聞節目上有很多又聰明又漂亮的女性，她們的美貌不會讓人因此不認真對待她們——美貌在那裡不是一種阻礙，但在德國這裡卻似乎是。」

「你有沒有遇過跟男性說『不』但他們無法接受的情況？」

「沒有，從來沒有！」茉莉很認真地回答，接著說：「男人可以準確地感覺到你不想從他們身上得到任何東西。當然有些人會試著去把你的『不』變成『再看看』，但如果你很堅決就是『不』，那他們也會懂。」

「你還在執業的時候情況如何？你會不會曾經因為男性只會看你的身體而覺得受到羞辱？」

「親愛的，我怎麼會這麼覺得呢？那就是我在做的事啊！」

茱莉秉持著這般態度執業了二十年。身為娼妓，她就是靠吸引注意力、激起男性性欲維生。像愛莉絲・史瓦澤等大聲疾呼、致力於反對性工作的女性主義者，堅稱女性在娼妓角色中毫無權力——確實有許多案例是這樣沒錯，尤其像有些例子跟人口販賣掛上勾、護照被妓院老闆沒收，或是有些女性來自東歐偏遠鄉下、在異國無依無靠。不過，我們必須慎防刻板印象。有許多娼妓，尤其是比較高階的，以及由信譽良好的經紀公司高薪聘雇的伴遊、兼差的性工作者，或是藉由性工作提供經濟基礎的女企業家，通常對此都抱有不一樣的看法。

對性工作者而言，在專業情欲關係中所產生的欲望與欲望表現，可能不只代表著她們凌駕於客人之上的權力，更是一種很私人的權力，也就是主宰自己的生命的權力。至少我們在娼妓兼伴遊公司創辦人漢娜・拉寇米（Hanna Lakomy）的自述中可以看出這件事：拉寇米在她的網站「柏林交際花」（Hetaera Berlin）針對記者瑪爾卡・高策（Malka Gouzer）的提問——將自己的身體提供給陌生人是什麼感覺?——回答道:「它解放了我,讓我獲得財務自由,不需要再仰賴父母和國家。」她最後總結道:「如果我的身體是屬於我的,那為什麼我不能靠它來賺錢呢?」

對她而言,金錢和展現自身欲望兩者之間並不矛盾,相反地,正如她在德國文化廣播電台(Deutschlandfunk Kultur)上所說的,畢竟金錢到頭來本身也具備了「自己的情欲效力」(eigene erotische Potenz)。

「我已經很習慣聽到大眾辯論女性被允許能做什麼的議題,不管是以妓女的身分來說,或是女人的身分都一樣。瑪格麗特·斯托科夫斯基(Margarete Stokowski)在她出色的著作中寫道,『美麗』單純就是人們期待女性應該做的工作,既耗時又花錢。而擺脫束縛的女性可以將自己從這些限制當中釋放——這種態度很酷——又或者,你也可以說:『好,我符合期待,但你們必須為此付我錢。』愛莉絲·史瓦澤的觀點認為我們僅僅只是商品,而這不符合人類尊嚴。但我並不是商品,而是在提供服務;產品與生產資料是不一樣的。史瓦澤缺乏了馬克思主義辯證法的思維。問題應該是:告訴其他女性她們應該怎麼用自己的身體的那些女性,真的可以自稱為女性主義者嗎?」[1]

許多年前，時任慕尼黑邦府地區議會議員的彼得・高維勒（Peter Gauweiler）想要禁止脫衣表演，論點是那類表演不符合女性尊嚴，因此違反《基本法》第一項第一條（即「人之尊嚴不可侵犯」）。雖然一開始似乎有許多人認同，但法院並未採納這個觀點。在脫衣表演中的男性與女性表演者並沒有私人接觸，他們單純將表演者視為欲望的客體，以及其幻想的投射平面，雙方並未發展任何關係。然而，如果他們採用了高維勒的論點，那時裝秀、拍攝活動，或是兩位頂尖運動員之間的網球對打等運動賽事，也都必須遭禁。很顯然地，這項觀點的重點不在於客體化，而是帶有情欲內涵的客體化。

從更根本的角度來說，如果任何形式的客體化都必須被批判的話，那我們就誤會了康德所說的「沒有人應被視為『純粹的客體』」。當然啦，像是我們在使用服務的時候，我不會跟太多人發展私人關係，也不會更進一步去觸碰他們的私人身分。好比工匠對我們來說就有其用途，我們也會付他們錢。但很重要的是，我們對待他人的方式會避免讓對方變成「純工具」，也就是說，我們會去尊重那個人及其尊嚴。而在當事人所訂定的尊嚴限度範圍內，當事人也可以（但不限

1 https://hetaera.de/metoo-und-prostitution/

於）成為客體，包括美學欣賞的客體、專業承諾的客體，以及情欲渴望的客體，甚至是在最親密、私人的戀愛關係當中，伴侶也可能成為性欲的客體。

一個人的客體化絕不會讓他變得無法行使權力。英國社會學家凱薩琳．哈金（Catherine Hakim）將茉莉和拉寇米藉由身體發揮的這種力量稱為「姿本力」（erotisches Kapital）。她的著作便以這個詞彙為標題，將姿本力形容為一種跨文化的典範，形塑出各式各樣非常不同的文化與國家。根據哈金的診斷，所有文化中的男性都有性赤字的現象，而女性的姿本力便由此而生，也就是說，她們以情欲關注的形式給予他人好處，並以許多文化上可接受的作法，期待隨之而來的好處。哈金以十分中性的方式將某些人認為是賣淫的概念解讀為自然的施與受。她主張我們不該將這件事污名化，尤其因為這般污名化其實主要是衝著女性而來。她認為，在傳統文化中壓抑女性情欲的作法，例如強迫女性蒙面、遮掩身材優勢，或表現出現害羞、有節操的樣子，主要是一種讓女性的姿本力消失的策略，又或者將她們展現姿本力的對象限縮至一人，也就是丈夫。而達到同樣目的的另一個策略——雖然不是有意的——就是西方女性主義運動在追求的目標：將性別關係去性化。一九六〇年代晚期至一九七〇年代的女性主義者建議女性不要穿迷你裙、緊身毛衣及高跟鞋，這樣才不會看起來像是個對情欲有興趣的「小女人」。

一九九〇年代時出現了另一個運動，也就是所謂的後女性主義浪潮，主張不壓抑、甚至特別強調女性的性吸引力，同時也表明男性不應該因此認為自己有權利進行性攻擊。從二〇一一年開始舉辦的蕩婦遊行（Slut-Walks）就以令人印象深刻的方式闡明了這個觀點，反抗所謂符合女性主義的溫和版端莊與傳統規範，以及將傳統期待對女性的約束與規範轉型為女性主義的去性化及身體敵對等作法，顯現出不同世代之間的衝突。年輕世代所要求的權利是能夠顯得挑逗，並且拒絕落入去性化的女性角色當中。無庸置疑地，至少在年輕世代之間，關於性別差異的異性戀情欲內涵已然在西方文化中捲土重來了。

儘管如此，「Me Too」運動中有一個行動是要求人們屏棄衣櫃裡吸睛、甚至顯得性感暴露的衣物，然後在電影節上身穿黑色、把身體包裹起來；而不想遵守這項服裝要求的女演員可能會遭到謾罵。所以現在是女性主義內部世代衝突又復發了嗎？要求人們放棄性魅力的作法，實際上就是在強調女性等於無助受害者的概念，強調她們沒辦法保護自己、清楚地對她們不想要的男性惡意說「不」。

許多女性並不認同這種發展，其中也包括自詡為女性主義者的人。她們會去批評一些很明顯常見的現象，像是在某些產業中，年輕女性由於職涯考量而仰賴於握有權力的男性，但卻不想接受從女性自決變成女性無助形象的典範轉移。或許正是因為美國的「Me Too」運動一直執著於受害者的形象（如前一章節的解釋），所以歐洲文化不甚願意接受這場運動，最後更使得「Me Too」運動無法以同等的氣勢於歐洲或南美洲立足。

數世紀以來，西方文化將有意識地實踐性欲的女性妖魔化。一個有效的刻板印象例子就是工於心計、一路睡上去的「致命女郎」（Femme fatale），像是拉克洛（Choderlos de Laclos）的小說《危險關係》（*Les Liaisons dangereuses*）裡的其中一個主角、帶有負面意涵的梅黛侯爵夫人（Marquise de Merteuil）就可算是一個範本。但另一方面，符合人文主義的文化會去看整個人——不光只是一個人的認知，還要看那個人的美學、社會及物理感官等面向。這是人類溝通的一種形式。像調情，是表達我們對一個人有興趣、有好感的方式。如果兩個陌生人之間的調情被污名化了，那我們的文化就會變得貧瘠。如果生於「Me Too」運動時代的年輕女性透過自我檢測及影片紀錄等方式表示青少年和年輕男性還會跟自己調情的話，那我們可以假設她們大概誤會了些什麼——「Me Too」其實是針對男性濫用權力不對等而進行的侵略行為，並不是在針對不同性別之間互相產生的情欲好感，更沒有反對調情行為。

情欲渴望是人類天性的一個計策，並不會對人類尊嚴與自由構成威脅，其在不同文化中可能會有非常不一樣的表達方式，但目的都是為了接觸世界、找到對象、避免落單、表達自己有興趣與某人接觸及發展更親密的關係，但同時又不具約束性，我們隨時都有著抽身的可能。這是在愛欲的人文主義規範中所建立出來的人類行為模式。

第八章

威爾斯王子、他的新婦、他的舊床墊，以及他的私生子：愛欲的結合形式

我們身在戰後淒涼的德國。轟炸過後的街道、被摧毀的住宅，人們飽受創傷並試圖在被佔領的德國中找到出路。年輕的瑪麗．布朗（Maria Braun）已經連續好幾週每天都在火車站拿著一塊牌子（「誰認識赫曼．布朗（Hermann Braun）？」），希望可以再次見到丈夫；兩人婚後幾乎只相處了一整晚又半天，她已經逐漸失去希望。一位美國陸軍軍官在一間小咖啡廳裡給了她兩包菸，她內心做出了一個決定——她將自己打扮了一番，把頭髮弄捲、塗上口紅，然後去了一間由舊體育館改建的美軍酒吧。酒吧看起來並不怎樣，除了掛在正中央的吊燈和牆上的幾張海報之外，整個空間看起來仍像是破舊的體育館。她看到單槓，將自己高高地甩上去。這時，酒吧經理從後方角落、被布簾遮住的小房間中走出來，他是一個蓬頭垢面的胖男人。他粗聲粗氣地說，他們不需要新的女侍。但如果瑪麗．布朗因為遭拒而退卻的話，那她就不是瑪麗．布朗了。針對他所說的「我不需要任何人」，她嬌媚而自信地回答道：「你有了我之後，可能確實就不需要任何人了。」胖男人投降了。他只要求她提供健康證明，就可以來酒吧上班了。

與她結識已久的醫生立刻就明白為什麼瑪麗需要取得健康證明，畢竟，在戰後德國以這種方式謀生的並不只有她一人。於是，他向她保證，假如她染上性病，他會幫她弄到盤尼西林。瑪麗對醫生很是感激，但她跟他說「不會有事的」。

堅決的瑪麗到黑市買了兩樣東西：一件低胸的黑色洋裝和一瓶穀糧。低胸洋裝是給她自己的，穀糧則是要給她母親——她要賄賂母親幫她把洋裝改短。她母親答道：「你父親會氣得從墳墓裡爬出來。」儘管如此，她還是幫瑪麗縫紉洋裝，也沒有打算慎重地勸她不要去執行這項計畫。或許，透過女兒取得糧食及其他貨品的想法過於誘人。

瑪麗晚上穿著新洋裝去酒吧，不久後就找到仰慕者了——他是一位非裔美國軍官，他渴望地看著瑪麗，始終表現得很紳士。瑪麗開始與對方有了私情，而且一點也不覺得羞恥或愧疚。相反地，在一九七九年的電影《瑪麗布朗的婚姻》（*Die Ehe der Maria Braun*）中，導演萊納．韋納．法斯賓達（Rainer Werner Fassbinder）幾乎在每一個場景中都向我們展示著這位年輕女性無懼地面對人生、想要過著能夠自己決定的生活，不甘願被他人逼得走投無路。

又過了將近二十年，於六八運動期間，接受過教育的中產階級兒女認為，他們必須為社會帶來歷史上的首次性解放，因為在他們所成長的文化當中對婚外性行為的概念很陌生，但他們認為這件事本身顯得不切實際。時至今日，這個幾乎可說是神話故事般的性解放敘事儼然深植人心，包括公開談論性，以及公開討論該如何達到解放等。當時的人們傳誦著一個大膽的說法（「跟同一個人睡過兩次的話，你就是屬於傳統框架裡的人」），還有在中產階級內備受呵護的年輕人害羞地踏入情欲解放的開放場域。許多無害的電影以嚴肅的老年男性與聲線高亢、身材優美的年輕女性來描繪戰後的過分拘謹，而這很可能是想要透過保持靜默、展演全然的無辜來驅逐近代的惡魔。女性才在短短幾年前必須擔起維持戰爭經濟的角色，到了戰後必須照顧因戰殘廢失能的男性或獨立供養自己；在這長時間缺乏男性的期間中，她們務實，有時候更必須運用自己的情欲資本來支持自身與家庭的生存。但現在，同樣這一批女性開始偽裝成賢淑的家庭主婦，她們的女兒也被鼓勵應該舉止端莊有規矩，才不會擾亂了艾德諾時代（Adenauerzeit）的新政權。

無庸置疑，六八運動期間確實有許多關於性的討論，類似於「會叫的狗不咬人」，而基本上，這種情況直到今天依然如此——引用作家阿瑞亞德娜・馮・席拉赫（Ariadne von Schirach）在二〇〇五年於《鏡報》（*SPIEGEL*）刊出的文章——我們住在一個人們「性欲過剩但性愛不足」的社會裡。雖然許多女性雜誌也會強調談論性的重要性，但問題來了：明確地大聊欲望、立場及活動（鹹濕對話可能不包含在內）對於情欲主義究竟是否有所助益呢？關於這一點，我們或許可以相信米歇爾・傅柯（Michel Foucault）的分析。他在作品《性史》（*Sexualität und Wahrheit*）中論道，「談性」並不代表解放，反而揭開了新的問題，因為我們「〔將性〕隱藏起來了——正因為我們赤裸地談論著它」[1]。即使人們廣泛地討論著性事，但那絕對不等同於擁有自由、歡愉的性。許多位在撒哈拉沙漠以南的非洲國家的文化正能夠支持這項論述：談論性事為他們文化中根深柢固的禁忌，尤其是在兒童面前，但他們對於情欲又同時十分寬容，算是一種帶有宗教含義的神祕智慧。

既然提到愛欲、性實踐與儀式，那就值得我們跳脫一下時空維度，去看看其他文化與時代的情況。我們可以發現，關於愛欲的社會規範，其實比一九六〇、七〇年代性解放的傳奇所描述的來得更加多元且多變。早在一九六八年以前，也就是十九世紀時，複雜的愛欲社會規範便已經在大多群體中成形。對於工業化社會中新興的勞動階級而言，將性事與婚姻結合的概念並不常見，因此，非婚生子女的比例相當高，而登記戶籍這件事則象徵著經濟成就，以及往下層中產階級移

1 Michel Foucault: *Sexualität und Wahrheit: Der Wille zum Wissen. Bd 1.* Suhrkamp 1977, S. 16.

《花園點心》(*Gartendessert*),於一七五五年出自法蘭茲·安東·布斯泰立(Franz Anton Bustelli)的製窯廠[2]。

動的文化同化趨勢。即使是在工業化之前的農業社會中,未婚的年輕女子也會有小孩,只不過她們通常沒有能力或不被允許親自撫養。除了大多數在中世紀前期及早期現代農業社會中的較低階級之外,封建貴族階級中也不存在必須避免與第三方發生性關係的一夫一妻制度。

在大約一七二〇年至一七八〇年之間的洛可可時期,婚外性關係十分普及。假如現存的文學證據可信,那麼,洛可可時期的特徵若還稱不上社會公然接受的情愛妄想症（Erotomanie）的話，那也可說是情欲放蕩主義的全盛時期了[2]。像是在圖中的跳舞人像就展露出願意進行情欲交流的示意動作、詢問對方是否有空，並或多或少以調情的方式予以回應。

因此，十八世紀時愈來愈多女性自願以娼妓為業的現象，就不那麼令人感到意外了。娼妓被描繪於畫作中、流傳於雕刻裡，甚至也是流行小說中的主角，例如丹尼爾・笛福（Daniel Defoe）於一七二二年出版的《情婦法蘭德絲》（*Moll Flanders*）。人們稱娼妓為現代「泰伊思（Thaïs）」或「拉伊斯（Laïs）」；這些是古希臘名妓的名字，她們是受過教育、為人表彰且具有聲望的妓女。正如歷史學家法拉梅茲・達伯霍瓦拉（Faramerz Dabhoiwala）於《激情與自由》（*Lust und Freiheit*）[3]所指出的，許多交際花也知道如何透過撰寫自傳來促進自己的名聲，例如愛爾蘭的娼妓瑪格蕾特・李森（Margret Leeson），她於一七九五年出版的第二部回憶錄可謂貨真價實的暢銷書。

達伯霍瓦拉將英國的縱欲巔峰定位於一八〇〇年左右。當時，「上層階級人

---

2 © Bayerisches Nationalmuseum München, Foto: Krack, Bastian.

3 Faramerz Dabhoiwala: *Lust und Freiheit*. Klett-Cotta, 2012. S. 403 – 404.

士相較於以往更能夠坦誠地公開他們的單身及婚外關係，在十八世紀晚期便有許多例子發生在首相、檢察總長、外交大臣、海軍大臣、約克公爵、威爾斯親王，以及其他無數名傑出的男性與女性身上」[4]。隨著這些關係被人們公開討論或甚至成為藝術作品的主題，很顯然地，至少在上層貴族階級中，這些婚外關係並非禁忌話題。

不過，至少對社會上某些群體而言，十八世紀並不是人們能夠縱欲、女性使用姿本力獲取影響力及權力的唯一時期。這裡，我們必須提到文藝復興時期的義大利交際花。舉圖利婭・達拉戈納（Tullia d'Aragona；約生於一五一〇年，卒於一五五六年）為例，她不只是娼妓，同時也是詩人兼哲學家，曾出版著作，有時候也會舉辦知名沙龍，不乏知識分子進出。娼妓存在於社會中，而在過去幾百年、幾千年之間，人們的接受度時高時低，但這不代表說這種情欲形式並未受到約束或未遵循特定的實踐規範。在古羅馬時期，不論是街妓或廟妓都有特定的服裝規定，例如，羅馬的娼妓會穿著由遠東進口的布料所製成的彩色短版洋裝，而十八世紀的交際花則必須穿戴黃色面紗。

4 Faramerz Dabhoiwala: *Lust und Freiheit. Die Geschichte der ersten sexuellen Revolution.* Klett-Cotta 2014, S. 409.

威爾斯王子與他的新婦；在背景裡的兩人分別為他的情婦與私生子[5]。

但不只是娼妓，綜觀人類文明歷史，婚外及婚內性行為也都一直遵循著特定的規範結構與期待，並受到法律所約束。即使是在看似自由開放的古希臘文化中，有犬儒主義者主張在大街上實踐性欲望——他們算是某種古代嬉皮——但性事其實依然受到嚴格的規範。例如同性關係，成年男子會渴望與正值青春期初期的年輕男孩發展這般關係，但兩名成年男子之間就不會有這類欲望，有時候甚至可能會遭致起訴。但其實，從我們現在的角度來看，古羅馬的規定看起來卻也不甚一致：一方面，人們認為上妓院是一件好事，羅馬的許多街角與房屋門口也都掛著勃起的陰莖圖像，作為好運的象徵，但另一方面，如果女性通姦，或者階級較高的女性被得知與階級較低的男性口交，那他們的態度便不再如此寬容了。

或許只有動物的性不必受到任何限制吧。關於這個主題，值得我們順便看一下其他動物親戚的情況。其中，跟我們遺傳關係最接近的親戚，亦即猿猴，是目前最和平的動物，對於愛欲之情也具有高度忠誠。好比倭黑猩猩，根據靈長類動物學家兼動物行為學家法蘭斯・德瓦爾（Frans de Waal）於《倭黑猩猩：溫柔的類人猿》（*Bonobos – Die zärtlichen Menschenaffen*）中所描述到的，這種品種的猿猴

---

5 https://www.britishmuseum.org/collection/object/P_1858-0417-506

本質十分溫和（廣義而言），牠們「最顯著的特徵是由女性主導且平等的靈長類物種，以性取代侵略」[6]。在爭吵過後，倭黑猩猩會互相擁抱、親吻對方的嘴。但即使是在可能發生衝突的事件之前，像是共食，牠們也會有短暫的性接觸，以降低侵略性、確保團體內的和平。不過，黑猩猩就完全不同了。牠們是最具侵略性的類人猿，性活躍度也相對來得更低；牠們會進行群姦，也會同類相殺。

那問題來了：是不是即使人類與動物之間有著天差地遠的差異，但牠們的情況也跟人類社會類似呢？也就是說，縱欲與和平兩者皆呈現正相關？乍看之下確實如此。對性抱持著嚴格道德態度的文化，同時也具備更高的暴力潛能。這個現象可以套用至北美洲的印第安文化上，以及在西方社會中的許多其他文化。事實上，美國大概是西洋文化中最為拘謹的國家，而與此同時，他們的暴力潛能也顯得非常高。從美國的觀點來看，歐陸國家是縱欲的溫床（像是在美國中西部，如果有人穿太過暴露的裙子，你會聽到他們說：「這裙子看起來挺歐洲的。」），而且在歐洲，片中含有偏激暴力描述的電影也相對較少被歸類為限制級電影，這也讓美國人感到很驚訝。但包含裸露胸部的照片馬上就會遭到臉書（Facebook）

6 Frans de Waal mit Frans Lanting: *Bonobos. Die zärtlichen Menschenaffen*. Birkhäuser, 1998.

審查，而有關暴力的噁心描述卻不會，這種暴力的想像與實踐在這裡的功能其實是在補償對於性的限制嗎？

確實，關於一個社會的暴力傾向勢必仍有其他影響因素，包括巨大的社經地位差異，以及國家地位的失能等。但是，在一個強調性壓抑、同時又允許多重伴侶的文化中，由於少數（富有的）男性擁有一名以上的妻子（而且通常有許多名），導致大多數年輕男性一直沒有伴侶，那麼，這些年輕男性趨於極端及暴力的傾向如果顯得特別高，大概也不是什麼無獨有偶的巧合了。像伊斯蘭教那些誘人成為自殺炸彈客的承諾，說他們進入天堂後能夠沉浸於眾多處女當中，聽起來便顯得相當合理。

多數演化心理學家相信，低社會階級的男性之所以會犯罪，正是因為他們的地位低下而無法獲取女性的情感與愛欲渴望。第一，這件事會使他們變得更具侵略性；第二，他們會因此想要與其他男性交際、進行暴力競爭以提升自己的地位，並進一步掌握獲得女性關注的機會。事實上，許多研究都表示，處於穩定關係中的男性訴諸暴力的機率的確較低[7]。但當然啦，這並不代表女性應該被迫結

7 Vgl. auch Patrick M. Seffrin: » The Competition-Violence Hypothesis: Sex, Marriage, and Male Aggression «, in: *Justice Quarterly* 34 (2017).

婚，或是伴侶的選項應該變少，而是說，當我們對於性與婚姻忠誠能夠採取更加放鬆的態度的話，那社會就能運作得更好。

從生物學的角度來看，人類這個物種的性活躍與性化程度算是數一數二高的。像有些哺乳類動物只有在特定階段會變得性活躍、雌性準備好受孕，但這種限制在人類身上就不存在。這些差異也能從主要性器官的尺寸看出端倪。另外還有一個特別的演化之謎：就某種程度上來說，女性準備好受孕的日子至今仍相當隱晦，但其他哺乳動物的雄性可以透過像是氣味等方法得知雌性的受孕能力。而從演化生物學的角度來看，這代表著人類的性活動非常無效，因此，相較於其他哺乳類動物，人類必須更廣泛地參與性活動以繁衍後代。此外，這也排除了「發情期」（我們會用這個詞來形容紅鹿的情況）及休息期之間的明確分界。這種奇異的特點想必在生物演化上具有某種優勢，但至於確切是什麼優勢，我們只能擅自推測。有一個明顯的解釋是，人類物種當中的愛欲魅力與性交流具備社會效益、能夠提升後代的生存機率，而這可能是透過維持愛欲上的親密關係所發揮的鍵結效應，也可能是因為這樣一來才能發展出家庭結構，或是某種保護女性與母親的穩定功能組織。演化心理學家大衛・巴斯表示：「伴侶在一起時有許多重大優勢。這種獨特的鍵結能導向有效的共存關係，伴侶之間可以藉由互相補足而獲益，他們共享資源與工作、可以一起抵禦敵人、為後代創造穩定的家，並提供高強度的家庭照護以利運作。」[8]

不同文化有不同維持關係穩定的方法。穩定關係的種類包括允許或不允許出軌的單一伴侶關係，以及像是在許多非洲國家中會看到的多重伴侶關係，例如阿爾及利亞、查德、迦納、貝南、剛果共和國、加彭、多哥、坦尚尼亞與沙烏地阿拉伯等地，還有生活在以色列的阿拉伯貝都因人也是。我們可以理解，每個文化都會覺得自己的模式於道德上是最趨近完美的，那其他模式就會顯得有些瑕疵。就這一點而言，非洲沃達貝族（Wodaabe）的族人大概會覺得西歐的年輕男性可以選擇自己的伴侶是一件很奇怪的事，同時，我們對不忠如此嚴苛的制裁應該也會讓他們大感驚訝，因為沃達貝族所享有的愛欲自由程度相當高，尤其對族裡的女性來說更是如此。好比在一年一度的格萊沃爾節（Gerewol）儀式當中，部落族人有機會聚集在一起聯繫感情，其中，這項儀式類似某種選美比賽，唯一不同的是參賽者為男性，他們向女性展現自己、努力博取女性的喜愛。男性族人會花上好幾小時的時間為表演做準備——他們會化妝、穿上自己耗時數月縫製的精美

8 David Buss: *The Evolution of Desire*. Basic Books 1994, S. 189 (Übersetzung von Nathalie Weidenfeld).

服裝、用貝殼項鍊裝飾自己，然後再扮上臉部彩繪、編髮與精緻的頭飾，於祭典舞蹈中向部落的女性呈現出最美的模樣。被女性選中的男性會默默地跟對方一起離開祭典現場，兩人從此之後便是一對。

即便近日在文化、宗教、女性主義與身分政治的範疇中蔓延著一種新興形式的保守思維，但愛欲的人文主義所倡導的是不要將性標準化，如此一來，不論是女性或男性才都能成為自己生命的主人、決定自己想要過哪一種愛欲的生活方式，並活出屬於自己的愛欲身分。

第九章
人怎麼透過脫衣舞重拾他的自尊：色情片的正反論證

一九九〇年代晚期，英國北部，過去曾為繁榮工業大都的雪菲爾（Sheffield）已然沒落成一座貧窮、老舊的城市。一度供予許多人工作的煉鋼廠關閉之後，大多數人現在仰賴著社會福利維持生計。失業者每天到「職業之家」（Job House）碰面，在那裡打牌、爭吵，並期盼著好日子能夠趕緊來臨卻從未實現。當美國著名的奇彭代爾（Chippendales）猛男舞團來到雪菲爾市時，數百名女性花了十英鎊的錢去看他們脫衣表演，而一九九七年電影《一路到底：脫線舞男》（Ganz oder gar nicht）裡的主角蓋茲（Gaz）對奇彭代爾和那些排隊買票的女人的唯一感想就是鄙視。那些女人怎麼會花錢去看陌生男人脫衣服？而且哪個有自尊心的男人會讓自己的妻子去做這件事啊？蓋茲以無產階級的大男人態度如是說道。不過，當他因為好幾個月遲給前妻孩子的贍養費、對方威脅要撤銷他的監護權時，他想出了一個很棒的點子：他一直以來也都能做奇彭代爾在做的事啊！他只差了幾位兄弟、一個舞台和一些排練就成了。

慢慢地，他原先堅信脫衣猛男沒有尊嚴、觀賞脫衣表演的女性本身也很下流的想法逐漸退散。他很快就體悟到，準備舞台表演是一項艱鉅的工作。隨著年紀較長的前工頭傑拉德（Gerald）、有自殺傾向又焦慮不安的隆波（Lomper）、蓋茲最好的朋友戴夫（Dave）、脾氣很好但苦於性功能障礙的克爾（Kerl），以及很幽默但又稍嫌平凡、不會唱又不會跳但性器很大的蓋伊（Guy）的加入，蓋茲現在很認真地排練，投入的心力也愈來愈多。剛開始看起來沒什麼救的東西，過了幾個星期後也能夠變得令人印象深刻。在隆重登台表演的前不久，這些舞者一起到傑拉德家試穿剛到貨的紅色皮內褲。

這群男生輪流傳看一本色情雜誌，而當他們對書中所描繪的女性乳房指指點點時，戴夫突然擔心了起來：如果女人用我們在講她們的方式來講我們，那怎麼辦？也就是說，如果她們只在意外觀的話呢？關於這一點，戴夫顯得特別敏感，畢竟他因為自己過重而感到丟臉。面對戴夫的提問，朋友試著用比較客觀的方式來處理，說道：「胸部太小的女人或許個性很好。」但這也沒用——這群男生再也吐不出任何評論了，因為，忽然之間，他們發現自己正處於男性雜誌中那些陪玩裸女的角色之中。

不過，隨著電影劇情推進，我們可以愈來愈清楚發現，把一切簡化為純肉體這件事並不見得等同於降級、污辱。在電影的尾聲，當這群男生終於克服在舞台上怯場或可能出糗的恐懼之後，他們由於自己的勇氣而獲得成就感。赤裸地展露自己的身體，並坦承自己的性向，反而變成一種符合人文主義的行為。在他們獻出自己、展露自己的裸身時，大家並沒有鄙視他們，而是認可他們、接納他們。

脫衣表演讓這群男生有機會改善他們的社交關係、使自己與敵人和解、心胸更加開放也更有自信，並且同時減緩他們的財務問題。但其實在他們登台演出的幾天前，當地警察差一點就破壞了他們的計畫。那時候，他們五人又在廢棄礦坑排練，一位警衛發現他們是業餘脫衣舞者，當場逮補這五個穿著紅色內褲的裸男，罪行是：藉色情內容妨害社會風化。

在英國，色情作品確實不是一件可以拿來開玩笑的事。截至目前為止，英國在這方面的規定算是全歐洲國家中最嚴格的。許多歐洲人都在嘲弄首相大衛・卡麥隆（David Cameron）於二〇一四年通過的法律：禁止於色情電影中演出特定體位及性行為。後來這項法律於二〇二〇年獲得鬆綁，畢竟，即使有這些限制，仍然改變不了大不列顛在全球色情電影市場中的非凡地位——這個國家的人口不到全球人口總數的百分之一，他們所產出的色情電影銷量（約十億）卻占了全球總銷量（約兩百億）的百分之五，占比可說是異常地高。雖然「色情作品」（Pornografie）一詞最初源自一位德國人，也就是考古學家卡爾・奧弗里德・繆勒（Karl Otfried Müller；他在挖掘龐貝城〔Pompeji〕時，將那些被視為猥褻的羅馬壁畫描述為「色情作品」），但對於裸體或性交活動的描繪一直到維多利亞時代（亦即一八三七年至一九〇一年由維多利亞女王統治的期間）才真正開始帶有缺乏愛意、粗俗及原始等負面意涵。《淫穢出版物法》（*Obscene Publication Act*）便是在這個時期出現的，為史上第一次將散播猥褻出版物標榜為犯法行為的時刻。

正如史蒂芬・茨威格（Stefan Zweig）在其著作《昨日世界》（*Die Welt von Gestern*）中的描述，維多利亞時代的人對於身體與性的敵意帶有一些看起來十分怪誕的特徵：「如果女性穿著褲子做運動或玩遊戲，在當時會被認定為犯罪——這件事現在的人或許還能理解吧，但那時候的女士甚至不准說『褲子』（Hose）這個詞，那我們究竟該如何去理解這種歇斯底里的保守思維呢？如果她們真的要提到像男性褲裝如此思想危險的物品，那就必須選用清白單純的詞『腿部衣物』（Beinkleid）或人們特別發明的委婉用語『那個不能說的東西』（Die Unaussprechlichen）等。」[1]

但即使他們推出了這項新法，英國的色情畫作與電影膠片貿易仍達到**前所未有的繁盛**。在米歇爾・傅柯看來，性的經濟化是由性在維多利亞時代所經歷的病

1 Stefan Zweig: *Die Welt von Gestern. Erinnerungen eines Europäers.* S. Fischer, 2001, S. 94.

態化所衍生的直接結果。「人家說，我們忍受維多利亞政權很久了，一直到現在依然深受其擾。我們的性紋章是那位端莊、靜默而偽善的女王。據傳，十七世紀初的風氣相較開放，人們做事幾乎不會躲躲藏藏、說話沒有過多的限制，一切都沒有過多的遮掩。換句話說，人們習慣處理也能夠容忍不體面的事。相較於十九世紀，當時對於粗俗、猥褻與不雅事物的規範顯得相當寬鬆。直白的表態、無恥的言論、明顯的越界、公開展示色彩豐富的解剖結構……在陽光明媚的白天之後迎來的是短暫暮光時分，最終以維多利亞中產階級的單調夜色作結。他們小心翼翼地將性封了起來，他們將自己重新編制、被核心家庭徵收，他們對於繁衍的態度也徹底變得嚴肅不已。圍繞著性的是沉默……其餘的消匿於半明半暗之中……但如果有人真的必須進行非法性事的話，那麼，他們若不是在繁殖的輪迴當中哄哄鬧鬧，那就至少會去那些結合了利益的場合。」[2]

人們於二十世紀初見證了這般經濟化性產業的誕生。差不多在那個時候發展出來的新興媒體——電影——似乎是個尤其適合將這些壓抑之事帶出檯面的管道，名符其實地將它們擺在螢光幕上、照亮它們。人們創作了系列短片，拍攝女

2 Michel Foucault: *Sexualität und Wahrheit*. Bd. 1, Suhrkamp, 1983, S. 11.

性裸體跳舞、褪下衣服，或是擺姿勢讓畫家描摹等內容。一九一〇年代開始出現十至二十分鐘長的電影，明目張膽地展演不同類型的性行為，也就是所謂的「公鹿電影」（stag film），只會在隱密的紳士俱樂部或私人單身男性派對上播放。到了一九七〇年代，為一般大眾製作的九十分鐘長色情電影才首度問世，其中最著名的是一九七二年由傑拉德・達米亞諾（Gerard Damiano）所執導的《深喉嚨》（*Deep Throat*）。雖然當時那部電影在美國許多州遭到禁播，拍攝團隊也遭到起訴，但它是公認史上最賺錢的低成本製作。

自從七〇年代之後，色情電影產業便逐步穩定成長，如今，光是在德國，每年就產出高約八億歐元的銷量。然而，不管是色情電影或色情圖片，至今仍會受人批判，尤其是來自教會和女性主義者等群體。在美國，反色情作品運動在八〇年代特別具有影響力，反對色情作品的群體更進一步獲得由雷根所指派的色情調查委員會的支持。其中，該委員會於一九八六年發表了一份將近兩千頁的報告，也就是以時任總檢察長的艾德溫・米斯（Edwin Meese）為名的《米斯報告》（*Meese Report*），而米斯得出了以下結論：「色情作品有辱女性……其主要目的在於激起男性與青少年使用者的性欲及性歡愉。而雖然證據難尋，但我相信，少數人會選擇對最為親近的女性使用暴力。色情作品為理論，強暴則為實踐。」最後這一句話引用自美國作家兼記者羅賓・摩根（Robin Morgan），她在六〇年代時開始活躍於女性主義運動。不過，也有人從社會學與心理學的角度攻擊色情作品，認為這些內容會對社會造成有害影響，且有證據證實。

數一數二著名的色情作品反對者為安德里亞・德沃金（Andrea Dworkin），她是一位基進女性主義理論學家，一向公開地斷然抨擊色情作品，例如，她曾在一九八六年於紐約州總檢察長辦公室前表示：「色情作品是強暴的一環——把它們拿來作為計畫、執行、編排動作，然後製造出進行那件事的興奮感。」在德國的過去幾十年間，愛莉絲・史瓦澤等人也站出來表示反對色情作品。其中，史瓦澤指控色情作品將「性與人對於羞辱及暴力的渴望」加以連結[3]。

德沃金和史瓦澤的共通點在於，她們都認為色情作品不只反映出女性所面臨的真實壓迫，同時更強化了這般壓迫。根據這些論點的基礎思維，色情作品通常將男性描繪成較為主動的角色、女性較為被動，而這跟貶低女性價值密切相關。不過，這種解讀其實並不周全，像是在描繪女主和男奴關係的虐戀色情片當中，人們通常不會去說這些男性角色或甚至是片中男主角的「價值遭到貶低」。真正

3 » Pornografie ist geil …« in Emma Online 2007, unter https://www.emma.de/artikel/alice-schwarzer-pornografieist-geil-263688 (abgerufen am 19. 8. 2021).

重要的是，我們相信參與者皆為自願且知情同意，而不是在於不對稱的情欲角色。儘管色情片有眾多類別，例如所謂「有關尿」的內容、「大齡熟女與年輕男性的性愛」、「三人性交」或「群交高潮」等，但劇情或許確實都傾向將女性描繪成相較順從的角色。但在二〇一一年出版的色情媚俗小說《格雷的五十道陰影》（*Fifty Shades of Grey*）中，雖然主角擁有強烈的虐待狂傾向，卻讓上百萬名女性讀者為之著迷，挑戰了人們認為「男性主導的性呈現單純只是男性幻想」的解讀。另一部描繪虐待狂的女性幻想作品是凱薩琳・米雷於二〇〇一年出版的小說《凱薩琳的性愛自傳》（*Das sexuelle Leben der Catherine M.*），其目標讀者群偏向女性知識分子。很顯然地，順從的女性形象不只是男性的夢想，同時也是女性的夢想（當然也有相反的例子存在）。

如果從女性主義的觀點切入，我們也可以說女性渴求著情欲中的臣服位置，因為她們在平常生活中也同樣受到壓迫，但這種說法等於否定了女性對其性滿足或性幻想的自決能力。在這個脈絡中一個有趣的面向在於——舉《格雷的五十道陰影》的女主角為例——她雖然是不甚情願地姑息了對方的情欲索求，但終究仍是接受了，那這就牽涉到一種權力策略，她最終會讓步給更大規模的情緒控制，允許對方達成他們所追求的事件。

根據性心理學顯示，過去數十年以來，伴隨著性交而來與激發性交行為的性幻想一直遵循著特定的基本模式，它們幾乎都政治不正確，也不太符合當今社會的道德標準。一個不算非常普遍但有名的例子是，有權有勢的商人在跟女施虐狂性交時，能夠從中獲得性滿足。這可能不只具備了實證上的相關性，同時也很清楚地顯示出，性幻想絕對不是人們於日常生活中的渴望的指標。喜歡在性虐戀場合中被羞辱的商人，並不會夢想著放棄自己在公司裡的主導地位。色情作品並非現實的倒映，而是提供一個空間讓男男女女能夠充滿想像力地實現自己的性偏好。這正是哲學家溫蒂．麥艾洛伊（Wendy McElroy）在她一九九六年的論文〈支持色情作品之女性主義觀點〉（A Feminist Defense of Pornography）中所採用的論點。此外，她也相信，即使女性有被強暴的性幻想，那也不該被解讀成她真的渴望被強暴。身為色情作品的支持者，麥艾洛伊指出，將色情作品合法化不但能夠保護表演者，同時也讓那些懷有暴力幻想的男性能夠以安全的方式去實現它們。以下這項事實能夠支持這個論點：相較於嚴格管制暴力色情作品的美國，擁有暴力色情作品傳統的日本的強暴發生率低上許多。但最重要的是，麥艾洛伊在她的論文中強調，我們應該要保護性自由，就像我們保護言論自由那樣。她寫道，色情作品打破了文化與政治的刻板印象，允許女性為自己去定義性。她挑戰了那些認為「色情作品消費者應該為自己的性偏好感到羞恥」的女性主義者，並寫道色情作品能夠為女性提供性活動及性偏好的「概貌」，讓她們有這些資訊，也可以在安全的空間進行一些她們認為是「獨自啟蒙」（solitary enlightenment）的事，也就是在私人空間體驗的啟蒙活動。

愛欲的人文主義渴求的是能夠達成成功人生的條件，不論關係排列為何皆可。我們可以將焦點放在把肉體上的情欲關係合理化為一種實現更高階價值的手段，例如生育子嗣、穩定婚姻、加深情感等；雖然我們不一定要這麼做，但它確實是愛欲實踐中不可或缺的一部分。色情書寫及色情影像特別將性當中的肉體層面獨立出來並專注其中的作法，本身並不會對符合人文主義的愛欲實踐造成威脅。對某些人而言，消費色情作品似乎具有解放的效果，那對其他人來說，這些作品具備彌補作用，可以幫助他們克服情欲孤立的階段。與此同時，根據一些實證研究指出，過度消費色情作品其實會使性欲變得消沉，反而不會刺激性欲。很顯然地，那些作品中對於性實踐誇大且無法實現的烏托邦式呈現，會使人們感到沮喪。而傷害自己的自由向來也包含在做自己生命的主人、對自己負責的敘事之中，這並不足以構成禁止色情作品的理由。

但當我們透過性愛機器人（通常設計為女性）將色情想像移轉至真實世界

時，會衍生出新的問題：事實上，目前的軟體發展，包括模擬情緒狀態，以及表達情感、同理、痛苦與喜悅等技術，已經能夠廣泛地以人機互動取代人與人之間的性事，進一步導致人際隔離與疏遠[4]。這其中的危機在於，人們在現實中會誤解那些單純只是模擬而來的人類情緒，然後機器會變成能夠完美符合各種偏好的對應方。於是人們再也不需要努力與人相處，而早就橫行資本主義世界的消費主義將會更大幅地形塑人們的性生活。不過，我們還沒有走到那一步，我們希望，即使在這個人工智慧的時代裡，大家依然能夠區分模擬感受及真實感受，並將個人偏好保留給真實的性生活。

愛欲的人文主義代表的是思想自由與自主自決。它將幻想與現實區分開來，而且不會試圖要求虛構的性敘事必須符合政治正確的規範。不過，它也警告我們，不要以性愛機器人的形式將性事與情欲去人格化，並且因此破壞了愛欲的人文面向。

4 英國人類學家卡特琳．理查森（Kathleen Richardson）：書著《性愛機器人：愛的終結》〔*Sex Robots. The End of Love.*〕作者，Polity Press, 2019）於二〇一五年發起反對「性愛機器人」的運動（https://campaignagainst-sexrobots.org/#）。

第十章

不支持我的就是反對我：意識型態化以及修辭的詭計

二〇一八年，加拿大心理學家喬登．彼得森（Jordan B. Peterson）出版了《生存的十二條法則》（*12 Rules for Life*），其中的十二條法則如下：

挺胸站直並舒展肩膀。
把自己想成是你需要幫忙的人。
跟對你好的人當朋友。
拿你跟昨天的自己比，不是跟今天的別人比。
不要讓你的孩子做任何會令你討厭他的事。
在你批評世界之前，先整理自己的房間。
努力爭取合理的事（而不是有利的事）。
說實話，或至少不要說謊。
跟別人講話時，假設對方知道一些你不知道的事。
精確地表達自己。
不要打擾正在溜滑板的孩子。
遇到貓的時候，就去摸摸牠。[1]

這些論述有兩個非比尋常的地方：第一，它們平庸至極；第二，它們讓這位作者大獲成功。這本書在全世界的銷量高達數百萬本，但彼得森知名的事蹟並不只有這本書，他還有許多演講和YouTube影片，講的都是男性法則代表秩序、女性法則代表混亂。對他的支持者而言，他是爭取言論平等與理性的鬥士；在他的反對者看來，他是父權主義的保守支持者。但他將自己描述為古典英國自由主義者。至於哪些指控是合理的、哪些不是，我們在這裡不會多加討論。在我們的分析中，唯一有趣的是彼得森針對澳洲女性主義哲學家凱特・曼恩（Kate Manne）的討論。其中，這些爭議起始於彼得森書中的一個段落，其中提到一名女性患者表示自己曾多次遭受性侵[2]。對此，曼恩指控彼得森最後沒有講清楚這段自述究竟是否精確，而這麼做等同於在暗示那名患者可能在說謊。而根據曼恩的指控內容，這就是一種男性厭女思想的表現。彼得森寫了一封公開信給曼恩博士，說明自己並沒有拒絕相信患者被性侵，但也沒有盲目地相信她，此外也威脅要告曼恩誹謗。某個訪談問了曼恩她和彼得森之間的爭論，她回答說，彼得森的這段聲明

1 Jordan B. Peterson: *12 rules for life. Ordnung und Struktur in einer chaotischen Welt.* Goldmann 2018.

2 這場辯論也登上了德國的報紙專欄。參見2019年3月7日與凱特・曼恩的採訪。https://www.sueddeutsche.de/kultur/sexismus-misogynie-manne-interview-1.4358683?reduced=true（abgerufen am 5. 8. 2021）.

又再次示範了男性總是會試著要女性安靜。「兩極分化並不一定是壞事。」最後，她也補充說明她覺得重要的是「說實話——我是這麼理解的」，其餘的都是「理智上的恐怖主義」。

這符合了「立場主義」（Positionalismus）的理論：客觀性不只毫無意義，在許多情況中甚至是有害的。關於利弊的理性權衡阻礙了政治或道德控告的情緒力量。不過，立場主義的代表者似乎沒有意識到，除了跟他們抱有相同政治考量的群體之外，其他人也可以主張這種形式的派系偏見。最早在一九三〇年代指出符合與不符合倫理的科學兩者之間差異的人，是美國社會學家羅伯特・金・莫頓（Robert K. Merton）。根據莫頓的論點，符合倫理的科學的最重要特點是所謂的「系統性質疑」（organisierter Skeptizismus），也就是以事實為導向的研究——研究員必須準備好自己的理論將暴露於批評及反對論點之中。莫頓表示，唯有這樣，我們才能達到以事實為基礎的研究結果。像曼恩這種激烈地表明自己只對那些跟自己立場相符的「事實」感興趣的人，都違反了這種精神——到頭來，曼恩也透過自己身為科學家的聲譽而得到好處。你也可以這麼說：任何利用這種話術、訴諸情緒與操控的人，都沒有認真地把他們的對手當一回事。而她的對手彼得森也幫自己的觀點建立起免疫機制——他將自己的觀點假定為男女各別的恆定原型秩序，並藉此將自己的論述從經驗實證中抽離出來。

針對那些採用「由於生理特徵而受到控制」這個準則來描述「女人」的說法，我們可以將它們視為另一個更進階、幾近怪誕的例子，示範如何把科學性當作意識型態的偽裝[3]。著名女性主義哲學家莎莉・哈斯蘭格（Sally Haslanger）藉著這個手段，成功地使用術語來確保世界上沒有任何不受控制的女人。如果一個

---

3 莎莉・哈斯蘭格對「女人」的定義如下：

S為女人若且唯若：

一、S經常且大多時候皆被視為或想像為具備特定身體特徵，其中，該身體特徵被預設為得以證明女性於繁衍活動中之生物性角色的證據；

二、在S所處的社會的主流意識型態之中，S具備這些特徵之事實將她標誌為必須占有特定社會地位的個體，其中，該社會地位事實上屬於從屬地位（並因此促使、同時合理化S占有該地位之行動）；以及

三、S滿足條件（一）與（二）之事實在S的系統性從屬地位中扮演重要角色，亦即：S的社會地位於某些層面上受到壓迫，而S滿足條件（一）與（二）之事實在該層面的從屬地位中扮演重要角色。

S為男人若且唯若：

一、S經常且大多時候皆被視為或想像為具備特定身體特徵，其中，該身體特徵被預設為得以證明男性於繁衍活動中之生物性角色的證據；

二、在S所處的社會的主流意識型態之中，S具備這些特徵之事實將他標誌為必須占有特定社會地位的個體，其中，該社會地位事實上屬於特權地位（並因此促使、同時合理化S占有該地位之行動）；以及

三、S滿足條件（一）與（二）之事實在S的系統性特權地位中扮演重要角色，亦即：S的社會地位於某些層面上享有特權，而S滿足條件（一）與（二）之事實在該層面的特權地位中扮演重要角色。

自稱為「女人」、在社會上也被其他人稱作「女人」的人沒有受到控制的話，那這個標籤便有誤——她其實不是一個女人。那麼，這個論述就再也不具備實證性了，而是屬於概念性的；當「身為女人」的定義是「基於生理特徵而受到歧視」，那我們要討論的問題就不再是她們為何受到歧視，或是在什麼情況下受到歧視了。受害者狀態被概念性地刻在「女性」這個性別之中。

關於一個人究竟是否受到歧視的討論，還有另一個更微妙的方式可以逃避理性解釋，像如果我們認為「質疑某個聲稱受到歧視的人」是不恰當的作法，那就可能可以達到這種效果。有一種相當流行的話術，是去指控那些否定「據稱受到歧視」說法的人正是在執行歧視。不管一個人究竟是真的受人歧視，抑或是覺得自己受到歧視但嘴上說沒有，歧視的事實都成立。照這樣來看的話，雖然「如果某人其實沒有受到歧視但卻覺得有」這個情境在邏輯上是可能發生的，但我們就再也不可能去處理這個「無歧視」了，因為如果我們去討論這個「無歧視」的話，這個行為本身就是一種歧視。

另一個抹黑高智商對手的方法，是將論點過度簡化。有一個例子就是關於法國哲學家兼女性主義者西爾維安・阿加欽斯基（Sylviane Agacinski）的醜聞。當她公開抨擊那些認為同性伴侶有權透過代理孕母或捐精者人工產子的論點時，她不只在新聞和社群媒體上受到大量來自四面八方的批評聲浪，波爾多大學（Universität Bordeaux）更在遭受威脅之後對她下禁言令。她的罪名是：恐同。這項指控乍看之下或許可以理解，但如果我們去看她的論文與訪談，會發現其實根本無憑無據。阿加欽斯基在二〇一九年十月二十二日法國參議院的聽證會上強調，她並未質疑異性與同性伴侶的法律平權，以及同性伴侶給予透過人工生殖產下的孩子愛的能力。但另一方面，她對同性家長持反對立場是基於以下論點：

一、人工受孕剝奪孩子擁有符合自然的兩性家長的權利。
二、技術代孕將一個不該被經濟化的領域經濟化。
三、代孕讓社會誤以為任何願望基本上皆能透過科技獲得實現。
四、當為人父母這件事脫離了生物條件、被化約成純粹想要為人父母的願望或權利時，那會強化一種基進建構主義的思想，忽略人類的條件，並使人性變得混亂[4]。

4　Ihre Anhörung am 9. 9. 2019 ist einsehbar im Archiv der Assemblée National (unter https://www.assemblee-nationale.fr/dyn/15/comptes-rendus/polfamf/l15polfamf1819002_compte-rendu) Weitere Informationen zu ihrer Position sind in ihrer Monografie *L'homme désincarné: Du corps charnel au corps fabriqué*. Gallimard, 2019 nachzulesen.

阿加欽斯基的論點並非恐同，而是源自於她的哲學思想：如果人類徹底克服了生物限制的話，那可能會帶來不符合人性的結果。然而，她的對手壓根兒不去管她的論點；他們唯一有興趣的，就只有經過他們審議後的結果，並預設她的立場背後動機錯誤（恐同）。在這個脈絡中，我們應該提到阿加欽斯基與社會學家伊莉莎白·巴登戴兩人之間的值得讚賞的辯論文化。其中，巴登戴在這個議題上也持有不同意見，但如她所說的，她仍然「能夠在不冒犯彼此的情況下對話」[5]。巴登戴曾在一次訪談中表示，阿加欽斯基甚至需要警察保護才能到巴黎高等政治學院（Sciences Po）演講的情況實在令人無法接受。

支持性別正義的人不只必須準備好去質疑別人的偏見，也必須要質疑自身偏見。為此，我們有時候必須去審視某個情況的所有面向。讓我們來看以下這個例子：在德國於二〇二〇年出版、由英國作家卡洛琳·克里亞朵－佩雷茲（Caroline Criado-Perez）所撰寫的暢銷書《被隱形的女性》（*Unsichtbare Frauen*）名正言順地批評道，許多像是藥物等消費者產品從過去到現在都是由男性設計給男性的，並未充分地針對特定女性需求進行調整；汽車座椅對女性來說太大了的

---

5 Siehe Léa Salamé: *Femmes Puissantes*. Les Arènes 2020, S. 129.

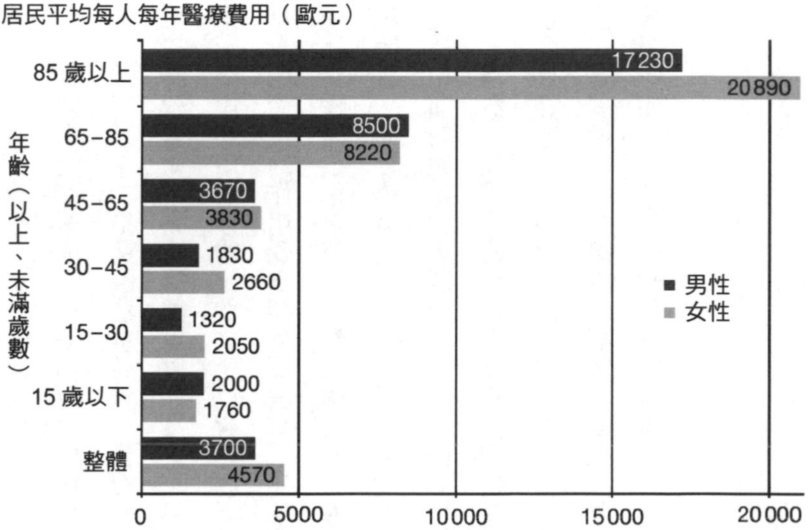

二〇一五年各性別及年齡層之居民每人醫療費用[6]。

事實不只是外觀上的缺陷，更提高了女性在事故中遭受嚴重創傷的風險。根據克里亞朵—佩雷茲及其他許多女性主義者的總結，這又是另一個新證據，顯示出現今的男性（尤其是白人）仍跟好幾世紀以前一樣，總是自然而然地將女性推到一個隱形的位置，因為對他們而言，只有一種身分是相關的，那就是：白人男性。不過，這個結論其實並不周全，有一項澳洲研究指出，醫院內的護理人員在處理男性患者時，效率比在處理女性患者時更為低落[7]。此外，在所有年齡層中，女性所使用的醫療資源也都高於男性。

我們不能草率地將「藥物針對男性身體設計」的事實解釋成男性醫生輕易放任女性去死——這種說法很歧視，也很污辱人。事實是，在藥物開發初期，參與藥物測試意願較高的族群以男性為主。另一個解釋是，從數據上來看，藥物測試第一階段選用男性的比例之所以會如此不成比例，那是因為要避免藥物在受試者身上所產生的作用受到荷爾蒙波動或避孕藥的影響。而且，其實，在我們文化中認為女性與孩童更值得受到保護的悠久傳統也一直延續至今，這應該也是其中一項因素。而從這個角度來看的話，男性通常想要保護女性與孩童的意願，在前述這種扭曲的觀點中，就被描繪成負面的事情了。

當然，我們的興趣會影響我們的信念，但那並不代表我們可以這樣就算了。當我們在跟別人說話的時候，對話內容經常會讓我們開始質疑、審視自己的信念，必要時也會重新進行思考。身為人類，我們有責任要讓自己的信念接受批判檢視。如果我們只想聽那些符合自己的興趣、或是自己先前曾經表達過的話，那

6 Quelle: Statistisches Bundesamt.

7 Australian Journal of Primary Health 23(4) 319–322.

我們就會落入在意識型態中將自己封閉起來的風險，距離現實評估愈來愈遠。

隨著性別平等及歧視等討論意識型態化，女性主義當中開始不斷地大打壕溝戰。例如在文學學者兼女性主義者艾蓮・修娃特（Elaine Showalter）的例子中，她從原本備受尊崇的位置突然落為其他女性主義者的箭靶。原因是她於一九九七年出版的書籍《歇斯底里史》（*Hystories*）[8]談到大眾敘事中所稱的「歇斯底里症」，包括其假設與實際的創傷及生理異狀，而這些討論在美國文化中脫離不了偏執、宗教與陰謀論等主題[9]。其中，修娃特在強調性虐待與強暴的同時，也談到了相關事件虛假指控的現象。她主張，法律應該要將這類情事比照其他案件辦理，亦即必須客觀地找出真相。她也警告人們要小心那些受到文化影響的偏見，可能會導致一些父親在沒有正當事實的情況下被指控虐待兒童，進而使他們的人生於社會上及心理上遭受永久性的摧毀。修娃特對於現實主義的訴求受到嚴厲的批判，但這並沒有使她退縮，反而進一步在同本書的新版中寫到自己如何將「追

---

8 Die deutsche Ausgabe *Hystorien* erschien 1999.

9 修娃特並不是唯一一個跳出來批評歇斯底里反應及創傷之形成的人，其他例子可見：Charles Sykes: *A Nation of Victims*（1992）, Robert Hughes: *Culture of Complaint*（1993）und Alan Deshowitz: *The Abuse Excuse*（1994）.

求真相與正義的命題」視為自己的任務。對她而言，真正的女性主義立足於啟蒙思想與理性主義的傳統之中，而不是未經思索的歇斯底里。

愛欲的人文主義代表的是在不同性別之間建立正義，而選邊站、放棄正視異性觀點的作法正是一種阻礙。相較之下，愛欲的人文主義所仰賴的是對於客觀的追求、個體換位思考的能力，以及衡量不同論點的意願。符合人文主義的性別關係的特徵是：努力以平起平坐、互相尊重的方式彼此合作，同時也必須認知到彼此之間不同的人生經驗與影響。

第十一章

和寧芙仙女一起撤下來：藝術裡的色情

學長姊又想出另一個惡作劇來嚇那位滿頭灰髮、令人敬重的男老師。這次，他們在平常會寫著數學運算式的黑板上畫了一個裸女。少年們咯咯地笑著。

那位德文老師剛進到教室。他原本沒有看到那幅圖像，因為他們把裸女畫在黑板的背面。他叫了班上模範學生的名字，要他在黑板上寫下所有知名德國詩人的生卒日期。模範學生殷切地開始振筆疾書：克羅普斯托克（Klopstock）、萊辛（Lessing）、席勒（Schiller）、歌德（Goethe）……所有人都寫到了，直到黑板下方再也沒有空間讓他繼續寫為止。

「您怎麼不繼續寫呢？」老師問道。

模範學生不太敢將黑板翻面。當他總算翻面時，老師愣住了，他說：「我必須說，在我學校裡竟然會碰上這般道德瑕疵的事件，讓我深感震驚。我呸。」

模範學生膽怯地建議可以把圖像擦掉，但老師卻把校長叫了過來。就在校長進到教室時，他也同樣被黑板上的景象嚇得目瞪口呆。此時，由海因茨．呂曼（Heinz Rühmann）所飾演的「學生」漢斯．普法伊費爾（Hans Pfeiffer）回應了。「這個嘛，你可以把我給殺了，」他愉快地說道：「但我……我覺得這幅畫挺美的。」

「但普法伊費爾先生……」校長面帶怒容地說：「一位年輕女孩，可能出身於最優質的家庭，然後一絲不掛！」

「可是，校長先生，我看不出來耶。」普法伊費爾頑皮地說：「那根本不是女生啊，應該是男生才對，我們還沒有完全畫好。」

校長的表情頓時放鬆了下來。

「是的，確實。」校長咕噥地說道：「我原本也是這麼想的。」他顯然鬆了一口氣，又補了一句道：「好啦，不管怎樣，我很高興這起令人尷尬的事件可以找到這樣無傷大雅的解釋。現在，我們不想再提起這件事了。」

校長離開教室，課程繼續。

有趣的是，除了上世紀那些守舊的老師認為女性裸體令人感到冒犯、不該公然展露之外，有些主張女性主義的藝術評論家也會批評美術館展示裸女圖像的作法。二〇一八年一月，曼徹斯特美術館（Manchester Art Gallery）將約翰・威廉・華特豪斯（John William Waterhouse）的著名畫作《海拉斯與寧芙仙女》（*Hylas und die Nymphen*）撤下，引發了一波對於藝術中的女性的討論。而在這場討論當中，美術館館方顯然大勝，因為世界各地的媒體都在報導這一起事件。這一幅前拉斐爾派的作品創作於一八九六年，描繪的是英雄海拉斯受到寧芙仙女們的誘惑

一九四四年電影《火鉗酒》（*Die Feuerzangenbowle*）中的學生惡作劇場景[1]。

而爬入河中，並因此注定一死。在美術館的官方網站上，策展負責人克萊爾・甘納維（Clare Ganna-way）挺身捍衛將畫作撤除的決定，她認為尤其是像在「Me Too」這樣的時代裡，人們應該時時質疑，並批判地審視、反省「致命女郎」或擁有被動裝飾性質的「女性」等刻板印象。

畫中的寧芙仙女無庸置疑地滿足了某種女性刻板印象，也就是致命女郎，但那一名年輕男子同時也符合某種刻板印象，那就是可被色誘的男性，由情欲刺激所迷惑，而天真地誤入了不幸的境地。此外，這一幅畫見證了世紀末（Fin de Siècle）的時代風貌，其中，原型的恐懼及壓抑的欲望兩者之間的衝突通常充滿神話色彩，人們便依此處理這類主題，這在前拉斐爾派的藝術中尤其顯著。

裝飾於柏林愛麗絲沙羅蒙應用科技大學（Alice Salomon Hochschule）南面外牆、由玻利維亞—瑞士作家歐依根．宮林格（Eugen Gomringer）撰寫的詩作〈城市（林蔭道）〉（ciudad〔avenidas〕）也激起了類似的效果。

林蔭道
林蔭道與鮮花

鮮花
鮮花與女人

1 Aus *Die Feuerzangenbowle*, Deutschland: Helmut Weiss, 1944.

林蔭道
林蔭道與女人
林蔭道與鮮花與女人與
一位愛慕的男人[2]

該校學生會認為，這首詩不僅「複製了典型的父權藝術傳統」，更會讓人「不悅地聯想到性騷擾」。在這個女性主義的邏輯中，女人顯然在修辭上不該被跟鮮花放在一起，或甚至是受人愛慕，因為這會被詮釋為騷擾。不過，我們其實也可以很輕易地用其他截然不同的方式來理解這首詩。說到底，我們在這裡所處理的是一種貶低男性的刻板印象，男性被簡化為被動且無助地看著女人的愛慕者，而女人的特質僅只有美貌而已。

但如果事實跟宮林格那首無害的詩相反，藝術作品中的女性全都很明確地被

2 譯注：參考資料：蔡慶樺，〈德國大學塗掉那首詩，政治正確還是文化野蠻？〉2018，《報導者》，https://www.twreporter.org/a/opinion-german-university-avenidas-controversy。

約翰・威廉・華特豪斯的作品《海拉斯與寧芙仙女》（一八九六年），收藏於曼徹斯特美術館[3]。

描繪成性客體呢？好比美國作家亨利・米勒（Henry Miller）的小說《北回歸線》（*Tropic of Cancer*）呢？我們應該像女性主義者凱薩琳・米雷說的那樣，因為它將女性縮減為歡愉的客體而禁止它嗎？我們在這裡就必須提出這個問題了：藝術自由及不被道德所接受的藝術，兩者之間的界線在哪裡？

藝術自由的定義之所以廣泛並不是沒有道理的，尤其像是小說等藝術產物都有許多詮釋空間。在米勒《北回歸線》的例子中，該小說於一九三四年在巴黎出版，但一直到六〇年代才在美國遭禁，人們可能會認為書中對於主角的情欲冒險的描述不恰當，或甚至是引人反感的男性幻想，但其實並不盡然。事實上，這本小說真正的內容是在描述一個特定的個體被困在自己的孤獨、自己的渴望、貧困與哀傷裡的故事。

不過，當一些藝術品意圖在社會中造成某種宣傳效果、建構出不被道德所允許的想法時，那就有問題了。像《猶太人蘇斯》（*Jud Süß*）或《希特勒少年旗幟引導我們前進》（*Hitlerjunge Quex*），這類電影必須要先預約才能觀看，這並不是沒有緣由的，尤其基於片中充滿了認為猶太「種族」低劣的納粹思想，隨意散播它們的作法於倫理上就說不通了。這些影片不只企圖鞏固納粹思想，同時更因為它們的編劇手法與美學設計而帶有強大的暗示力量。不過，關於《猶太人蘇斯》的議題並不適用於華特豪斯的寧芙仙女畫。沒有人可以嚴正地斷言畫家本人意圖將普羅女性貼上「擅於色誘的危險女人」的標籤，然後鼓勵觀者歧視或甚至迫害她們。

---

3 https://openartimages.com/search/john-william-waterhouse#opt-in.

但確實，藝術家的本意之於他人對其藝術品的反應及評價至關重要[4]。藝術品之所以有意義（這裡及後續所說的「意義」並不是指本質上的），是因為它們的創作者會透過它們向我們溝通某些東西[5]。不過，有人可能會反對——不是其實在許多情況中，創作者的意圖都跟作品無關嗎？或是如同亞瑟·丹托（Arthur C. Danto）所想的那樣，創作品的美學意義僅只是藝術界的評鑑結果呢？也就是展覽主辦單位、策展人、藝術理論學家及藝術評鑑家等人的意見？

想像一下你現在站在一座人工湖畔，思考究竟要不要跳下去，然後你注意到一塊告示牌寫著：「禁止游泳、注意人身安全！」你不知道是誰架設這塊牌子的，但想當然應該是當地政府所授權的單位，將真實資訊（確實會有人身安全的風險）與禁令結合起來，如果不遵守的話就會受到制裁。但當你走近牌子，你發現那其實是有人用馬克筆寫的，牌子甚至只是一塊黏在木棍上的硬紙板，你開始懷疑這會不會只是一些年輕人的惡作劇。現在，對你來說，那塊禁止示牌的意義

4　這項表徵與現今的「接受美學」徹底相反，亦即：回到康斯坦茲學派（Konstanzer Schule）的藝術哲學觀點，認為藝術作品創作者的意圖與美學意義並不相關。意義唯有透過受眾的接收才會產生。

5　關於這一點，我們不需要有單一創作者或甚至是藝術天才，他們可以是一群人，或甚至是在執行工作室內的助理。而作品本身也不需要由藝術家親手產出，但其製作過程必定得根據單數或複數創作者的意圖加以實現，而當藝術接收成功時，我們將會理解該意圖。

已經變得不再明確了，因為你不確定製作牌子的人的意圖是什麼了。注意，製牌者的意圖只有在指導以下這件事的時候具備意義：他意圖警告這塊牌子的目標對象（來到這座人工湖的訪客），或是因為其他原因而勸戒他們不要游泳，而不論是哪一種情況，告示牌都會給你不要在人工湖裡游泳的原因。但可以想像的是，即使那個警告（致命情境）可能不是真的，你也就只是應該要被嚇到。那麼，照這樣來看，製牌者或許並不具備應有的權限發布有效禁令，因此，假設你決定要在那裡游泳，你也不需要害怕會有任何制裁了。所以，你準備好跳進那沁涼的湖水了嗎？

假如藝術是一種溝通的形式，那我們必須脫離那些或多或少受到嚴格習俗傳統所制約的有限日常語言行為，允許模稜兩可與不完全斷定的空間。這些曖昧不明的情況不只存在於日常語言行為當中，更是會反覆出現在藝術當中的特徵，尤其是現代藝術。而在模糊敘述的脈絡裡，那一段模糊敘述的意思並不是由接收者來詮釋，而是取決於說話者的真實用意。如果我們無法得知說話者的意圖的話，那就只能進行猜測或假設了，而這些臆測可能會是錯誤的。同樣的道理也可以套用在美術上。

那麼，對於那些我們懷疑它的意圖有道德疑慮、但作品本身似乎又具備高度美學價值的例子，我們又該怎麼說呢？藝術哲學家諾爾．卡羅（Noël Carroll）認為，在某些情況下，將藝術意圖中的道德「缺陷」視為「美學缺陷」理由正當，例如在敘述性藝術中就完全合理。這正是為什麼作者說謊的意圖會影響小說的品質。我們期待優質的小說會有一定程度的真實性，其中，作者針對複雜的角色與其措舉的描繪進行鑑別度充分的審視，以傳達出這份真實性。不過，當藝術愈是脫離敘事，道德與美學的侷限就顯得愈是牽強。

但當我們談到藝術中的性別主義時，還有另一個討論的層面，那就是：由「有問題」的藝術家所創作的藝術，是否會因此失格呢？作曲家卡爾海因茲．史塔克豪森（Karlheinz Stockhausen）曾以不適當的方式談論九一一恐怖攻擊事件，將它美學化。想當然耳，他的作法使得群情激憤。除此之外，有些評論家甚至開始將史塔克豪森的十二音音樂一概貶得一文不值。

另一個例子是藝術家米雪兒．哈特尼（Michelle Hartney）的藝術運動。二〇一八年十一月三日，她在紐約大都會美術館（Metropolitan Museum of Art）的外牆貼上了許多高更（Paul Gauguin）、畢卡索（Pablo Picasso）等人的畫作，以及美術館針對她先前對於這些藝術家的見解所回應的官方說明文件。其中，她指出，這些藝術家的行為帶有厭女意味。舉高更為例，他共跟三位未成年的大溪地少女生了三個小孩，不光只是在藝術作品中剝削女性身體。哈特尼的這項舉動引起了一波辯論：美術館究竟是否應該——或能夠——展示高更、畢卡索或巴爾蒂斯（Balthus）的作品？

影集《紙牌屋》（*House of Cards*）的製作團隊也遇過類似的問題。當時，主演凱文．史貝西（Kevin Spacey）遭控性騷擾，他們必須釐清這項控訴是否也讓演員本身及其演技名譽掃地。最後，他們得出的結論為「是」，並迅速將他從影集中摘掉。目前由於所有指控皆罪證不足（包括踰矩觸碰一位物理治療師及一位男演員），史貝西被宣判無罪，而他在美國的社會上及演藝事業上都受到排擠。後來，知名導演保羅．許瑞德（Paul Schrader）在臉書上公開表示相信「生活中有罪，但藝術中沒有」，並宣布與史貝西合作的意願時，受到大眾抨擊與騷擾，最終只好撤銷貼文。

即使是犯罪藝術也可能品質優良。藝術家的意圖與藝術品質兩者之間的關聯過於複雜，沒辦法用膚淺道德觀的準則加以衡量。而即便在許多文化中、在人類歷史上，性別關係長久以來都充滿爭議，也經常不為社會所接受，但這並不代表任何反映出這項問題的藝術都應該遭到排除。相反地，藝術一向為我們提供批判

性省思的機會。將我們的文化過往撤銷，包括將當代文化中有問題的面向從我們的文化意識當中撤除等作法，並不會導向淨化，反而是集體失憶與文化自欺。愛欲的人文主義主張的是道德標準，而不是道德審查。

第十二章

喂，小妞，要不要喝一杯？街頭性騷擾、開腿族和刻板印象化

「多麼性感的翹臀，我一定要弄到手！」

「寶貝，你美呆了！」

「一切都很讚吧，美女？」

「美尻！」

其實這幾年來，早在「Me Too」運動之前，就已經有許多關於歧視、矮化和不對等作為等等的討論，關鍵字包括「街頭性騷擾」（catcalling；帶有性暗示意味地呼叫他人）與「開腿族」（manspreading；雙腿張開的坐姿）。矛盾的是，即使人們愈來愈習慣社會與社群媒體上的粗魯口吻，但大家對於未加修飾的搭訕的容忍度卻變得愈來愈低。反街頭性騷擾運動者的常見論點是，在街上吹口哨、搭訕女性的行為一方面可被詮釋為男性優勢的跡象，另一方面也顯示出人們於本質上針對女性的侵略傾向。

在這個脈絡中有趣的是，在妓院或街上的男性也會遇到類似的對待，像是「喂，小可愛，要不要來我的房間啊？」或「嘿，小可愛，不想要多認識我一點嗎？」等，但不屬於這類場合的女性通常不會實行這種逆向的街頭性騷擾。特別的是，在逆向情況裡，人們大概不會預設性工作者處於較潛在男性顧客優勢的地位。而事實上，許多搭訕女性的男性也不會表現得好像自己比較有優勢，反而是在討愛、乞求注意。

那些因為女性被男性觀看、攀談就自動把她們視為受害者的前提假設，恰好符合我們前面所討論的「Me Too」敘事。在一九八〇、九〇年代的女性主義文學與電影研究中，流傳著許多關於凝視的力量的理論，而它們所假設的前提幾乎都將「男性觀看女性」視作一種帶有侵略性的舉動。這其中不著痕跡地牽涉到了泛靈信仰的「邪眼」概念，但在這個版本裡只有邪惡的男性會凝視善良的女性。女性主義理論學者根據佛洛伊德對「視淫」的分析，也就是從窺淫癖（Voyeurismus）中獲得的歡愉，將這種凝視描述成男性渴望羞辱、壓迫女性的施虐傾向。其中，蘿拉．莫薇於一九七五年所發表的論文〈視覺快感與敘事電影〉（Visuelle Lust und narratives Kino）尤具影響力[1]。她在文中以希區考克（Hitchcock）的電影為例，包括它們如何描述女體，並將身體部位呈現為視線、欲望與施虐本能的客體。根據莫薇的結論，幾乎所有的電影都遵循著這個邏輯運作，所以我們必須就此評論。

其實，如果只是這樣單純地觀看，不一定是具有侵略性的行為。一位統治者

1 Im Original » Visual Pleasure and Narrative Cinema « Mulvey, Laura. Screen 16 (3), S. 6 – 18, 1975.

也會被他的子民觀看，但他本身並不會去看他們。有趣的是，在性虐戀的情境中，以下兩種規則同時存在：男奴[2]不准看女主或回望對方的凝視，但也有反過來的，男奴迫切地跟隨著女主的所有動作，但女主完全不理會她的男奴。其中，前例的主導行為包括女主對男奴的永恆控制，而在另一個情境中，女主的行為表達了她所展演出來的全然蔑視——男奴變成單純只是一個物體。因此，觀看可以被視為一種表達順從仰慕的行為，或是像電影理論學家卡佳．絲爾薇曼所指出的，是一種愛的禮物（gift of love）或正面的理想化。

當然，正如同街頭性騷擾，觀看也可能帶有貶低他人的意味，或至少我們可以如此理解。假如在街上對人吹口哨或搭訕變成污辱的形式，那我們目前的法律可以針對這種行為進行懲處，而我們也必須這樣處理。帶有愛欲意涵本身並不具備冒犯性，因此，某些反街頭性騷擾運動者要求將它視為特殊刑事犯罪的訴求就有問題了。同樣地，將一般戲弄視為犯罪的作法也很有問題，因為這麼做會使羞辱、騷擾和脅迫等罪行顯得不重要。假如一群年輕男子充滿侵略性地攻擊一名年

2 「奴」（sub）一詞指的是在不對等情欲關係中扮演臣服角色的一方，不一定是性受虐狂。因此，實踐不對等情欲關係的場合也會被稱為「BDSM」，為「綁縛與調教、支配與臣服、施虐與受虐」（Bondage/Discipline, Dominance/Submission and Sadism/Masochism）的字首字母縮寫，定義較為模糊。

輕女子，那我們取決於其形式與程度，會將它歸類為羞辱或脅迫。

在世界上大多數的文化裡，成年男性與青少年的搭訕究竟能不能夠被接受，其中的關鍵標準在於，被搭訕者是否認為該行為具有貶低或甚至威脅的意味。不過，在多元文化社會中，人們對於搭訕的觀感尤其多樣，像是一個被基本教義派穆斯林女性視為羞辱的舉動，對一個出身開明家庭背景的斯堪地那維亞女性而言，可能會被詮釋為調情的邀約。不論如何，如果我們以女性主義理論為基礎，然後用這種標準化來取代文化多樣性的本質，那就有問題了。那不只會因為拒絕接受不同文化習俗而顯得不切實際，對於那些持有不同知識理解的少數族群，更可能會被視作一種壓迫。

除了街頭性騷擾之外，近幾年，人們對於開腿族的討論也愈來愈熱絡，這個詞甚至有幸於二〇一五年被收錄至牛津字典當中。開腿族一詞所牽涉到的假設是，男性透過展現男性氣質或生理特徵來展現其主導地位，進而羞辱並壓迫女性。如果遵循這個邏輯，那我們也應該禁止女性展露乳溝，這樣才算對兩性的公平待遇。如果你不相信的話，應該要去看一下維多里奧．狄西嘉（Vittorio De Sica）的電影《昨日今日明日》（*Gestern, heute und morgen*）。其中，電影的第一部分（昨日）講的是一位聰明、堅強的女性，由蘇菲亞．羅蘭（Sophia Loren）所飾演，她不只獨自賺錢、扶養七個小孩，更是「阿爾法女性」（Alphaweibchen；領袖型女性）。具備充沛女性特質的她，算是拿坡里底層階級某種握有權力的統治角色；她跟警察起衝突的時候，直接當場露出胸部、給孩子哺乳。

其實，它的電影海報也已經將主題設定明確了——你可以在前景看到大大的羅蘭，穿著緊身上衣，隱約地遮住她的胸部，而在背景裡的男人則顯得較小、而且無助。她外放的女性氣質也是一種權力的象徵。很剛好地，由馬切洛·馬斯楚安尼（Marcello Mastroianni）所飾演的丈夫無法跟這份女性氣質對等抗衡，他變得無能、疲累，經常一有機會就回家找媽媽休息。所以他是「女開腿族」（Womanspreading）的典型受害者嗎？受到如此強大的女性力量所壓迫、羞辱？

事實上，袒露胸部確實可被視為一種具有侵略性的行為，例如狄奧多·阿多諾（Theodor W. Adorno）所受到的「胸部攻擊」[3]，或是費曼（Femen）組織的運動者席捲公開集會、展露胸部的行動也是。

不論是有意識或無意識的，我們特別強調第一性徵的作法其實都深深刻在我

3 「胸部攻擊」事件在一九六九年發生於法蘭克福大學（Johann Wolfgang Goethe-Universität Frankfurt）第六演講廳內。當時，學生在哲學教授狄奧多·阿多諾課堂一開始時進行抗議，數名學生突然間將阿多諾包圍，其中，三名女學生掀起上衣展露胸部。

們的生物本能之中。例如，我們也能夠在許多不同品種的猿猴身上觀察到「男性開腿」的現象——牠們喜歡向那些到寺廟進香的訪客展現勃起的陰莖，顯然是希望能從中得到好處。不過，女性展演身體的行為在動物與人類世界中，同樣也相當廣泛。如果我們很粗淺地將男性的展露行為與侵略加以連結，並將女性的展露行為與順從加以連結，那可說是毫無根據。

根據跨文化比較的結果來看，愛欲的行為戲目在所有文化細節中顯示出高度的一致性。因此，正如許多人類學家在人類調情研究中所呈現的，由男方率先主動靠近的傾向基本上似乎一樣，但決定後續接觸的走向的，幾乎壓倒性地都是女性的權力。很顯然地，特定的行為模式基本上是由基因遺傳所決定的，而這個現象也可以延伸到肢體接觸的範疇。

先有兩情相悅的序幕、再進入性的結合的整個事件，具備某些特徵雖然在不同文化裡可能會有不一樣的表述方式，但基本上它們的基礎模式維持不變。這些特徵在異性戀的愛欲範疇之外似乎也具有效力。數世紀以來，這些固定特質被誤認作是「男性通常扮演主動及決定角色」的證據。但根據許多研究結果顯示——例如馬克斯—普朗克學會（Max-Planck-Gesellschaft）的人類學家卡爾．葛拉默（Karl Grammer）於安德克斯（Andechs）進行的「調情實驗」——至少在較高度

維多里奧・狄西嘉《昨日今日明日》電影海報[4]。

的哺乳動物當中，是否要繼續維持兩情相悅的狀態、是否有進一步結合的必要，都是由雌性決定。換句話說，基本上，她們是決定調情的起始與走向的一方。這個現象也可以從社會生物學的角度加以解釋：背後的原因是，對女性而言，母親的角色於生理上及心理上皆為巨大的挑戰，但在人類社會中，父親的角色在文化規範的要求之外，投資顯得相對稀少。照這樣來看，如果我們說，遺傳行為戲目的文化變革透過限制男性濫交的遺傳傾向、將父親納入親職責任當中，以達到對女性有利的結果，那也不是全然不合理的解釋。此外，女性於遺傳上的決策權力也具備文化重要性；忽視其文化重要性的男性行為不但有問題，更必須根據其嚴重性加以制裁。像是群姦或許存在於人類行為戲目當中，但我們必須以文化與法律規範來避免群姦行為，才能夠達到符合人文主義的愛欲實踐[5]。

---

4 Italien: Vittorio De Sica, 1963.

5 艾倫．佩吉．費斯克（Alan Page Fiske）與塔格．沙克提．萊（Tage Shakti Rai）於二〇一四年出版的書著《道德的暴力》（*Virtuous Violence*）在標題上點出明確的主題，為此論點提供一個反向模型。該書的出發點似乎是自由主義的角度，描述到不同人類文化中的不同暴力實踐，並強調它們各自的社會益處。史迪芬．平克（Steven Pinker）為該書撰寫前言表示支持，並將責難暴力實踐的行為歸類為西方文化的特殊表達，警告人們切勿將之普及化。該書也將群姦呈現為男子情誼的實踐，在某些文化當中是可以被接受的行為。由此例可以看出，當人們誤解自由開放、並由此衍生出文化相對論時，會引發多少問題，而人性的普世地位又是多麼地不可或缺。

儘管愛欲行為的遺傳戲目具備上述的延展性，從人文主義的觀點來看，其文化內涵也囊括了欲求的成分，但如果我們一直抵抗情欲相悅的生物本質，那結果或許會變得徒勞無功、令人沮喪。不論老少，許多人之所以會對由理智所引導的過度標準化感到不自在，或許是源自於人類情欲中某些不變性的直覺見解。愛欲的人文主義並不想試圖藉由文化規範的同化來弭平性別差異；它能夠包容性別差異，並理解人類行為的複雜性。

第十三章

對於我們女性唯一的耳光：文化戰爭vs.社會戰爭

「我的身體整天都跟我待在一起，那是無法改變的事實。然後我對時尚非常感興趣，我穿很緊身的衣服，因為這就是我喜歡在這個世界遊走的方式。這麼說吧，服飾可以傳達很多東西。而那也是完全正當的……（望向愛莉絲．史瓦澤）如果你在那裡面感到自在——我就是覺得在這一身衣服裡很自在啊。只是你不能總括地說，高跟鞋、或是德文裡說的『Pumps』是非常女性化的東西，『你沒辦法雙腳踏實地走在路上』。那是您曾經說過的話：平底鞋讓女性可以雙腳踩在地上。我們這麼說吧，不管是不是高跟鞋啦，你都還是必須站在地上吧。」

流行歌手兼模特兒薇若娜．普什（Verona Pooth），同時也是九〇年代的廣告偶像，當時使用原姓費爾德布施（Feldbusch），穿著一身白色、低胸的緊身服飾，挑釁地看著德國女性主義的老將愛莉絲．史瓦澤。觀眾大笑。看著充滿自信的薇若娜站出來反抗同樣不乏自信的史瓦澤女士，確實相當有趣。

「費爾德布施小姐，」史瓦澤女士現在出聲反擊了，她說：「我只是覺得這些陳腔濫調的東西讓人有點洩氣。我們現在必須決定我們是否要稍微正視彼此，然後有一些嚴肅的對話，還是要往那個方向走。要那樣的話，我也可以。」

這番話奏效了，但普什女士並沒有因此被擾亂，立刻回答道：「我其他什麼也不會。您大概可以修改一下，但我就一定是這樣了。」

觀眾席再度傳來笑聲。

二〇〇一年六月二十八日，史瓦澤與普什在德國電視二台（ZDF）約翰尼斯．克納（Johannes B. Kerner）的節目上進行了一場傳奇辯論。那顯然不是一場輕鬆的咖啡桌邊對談，尤其是當主持人一開場就直接拿史瓦澤所說過的話來問普什，也就是史瓦澤曾在一次訪談中所說的：普什女士「對我們所有女性而言是一記重重的耳光」。主持人請史瓦澤解釋這句話時，她重申了自己原本的評估，並補充道：「沒錯，當然地，在我所屬的世代裡，很多女性都會說，如果我們聰明、擁有美麗的身體，那我們就再也不想要裝成傻妞了啊。」

史瓦澤也批評了普什所拍的性感廣告，說那將她描繪成一個可用的性客體，向女性傳遞了錯誤的訊息。史瓦澤想表達的訊息是：女性不需要將自己描繪成愚蠢的性客體。普什反擊，表示自己不會像史瓦澤女士那樣冒昧地評判他人；後者會一直不斷地說年輕女性應該穿什麼、應該如何跟男性相處等等。

像史瓦澤這些女性主義者對年輕女性所採取的家長式作風（順帶一提，史瓦澤在許多談話性節目中看起來很強勢、不斷地講道理，就像老生常談的「開腿族」那樣）激怒了許多新世代的年輕女性，其中，後者將自己設定為後女性主義者。二〇一一年七月七日，我（娜塔麗．魏登費爾德）在《時代週報》（*Zeit*）刊了一篇標題為〈長髮公主情節〉（Der Rapunzelkomplex）的文章，將迪士尼電影《魔髮奇緣》（*Rapunzel – Neu verföhnt*）裡的巫婆跟七〇年代那一輩的女性主義者互相比擬——後者就像電影中的巫婆一樣，不想讓她的「孩子」長大。

史瓦澤等女性主義者於七〇年代的訴求是透過文化革命達成平等，其中包括性別角色與性別行為的平等化，但自從九〇年代之後，女性主義者開始倡導，在出於自由意志的情況下，女性應該穿著像普什那樣的緊身、白色、低胸服裝。畢竟，服飾不只帶給她們個人幸福感，同時還有（情欲）權力。

時至今日，普什依然是這種賦權的代表。不管是將自己呈現為天真的女性，或是表現得像是天真女性的精明女企業家，儼然成為她成功的部分元素是讓她得以財務獨立——即使史瓦澤認為普什的行為「對我們所有女性而言是一記重重的耳光」，但普什將自己視為一位受到社會認可的成功企業家，且不需要向任何人證明自己。

二〇〇一年的那天晚上，將自己包在一身寬鬆、黑色長洋裝裡的史瓦澤向普什問到，年齡介於十四至十九歲之間的年輕女性，每四人當中有三人對自己的身體感到不滿意。普什回答道：「所以她們就應該穿得跟您一樣，然後一切就沒事了嗎？那也不是一個解法啊！」想當然耳，此時觀眾席又爆出了大笑聲。普什在這裡所反擊的點很顯而易見，那就是那些隱晦地、或有時很明確地建議女性不要穿著女性化的緊身衣物的說法，又或者要她們不要強調性別差異。

這時候問題就來了：為什麼平等認可與尊重、自決，以及平等自由等符合人文主義的價值，也就是女性主義主張的價值，只有在完全地融合、所有的差異都被消除時才會實現呢？事實上，一直到今日仍對大眾論述深具影響力的七〇年代女性主義，其目標是盡可能地調整性別角色，其焦點放在文化實踐，而批評的對象則是高跟鞋、緊身服飾、短裙、被污名化的「女性化特質」、吸引男性目光的角色，以及所謂的無助感，也就是史瓦澤指控普什所呈現的一切。

如今，繼女性主義文化戰爭爆發將近半世紀之後，我們絕對可以說「光學校準」尚未發生——至少在較高與較低的階級裡皆是如此。相反地，在幾波女性主義浪潮裡，尤其是比較年輕的女性群體中，她們會反對「女性無軀體」的理想，而目前在西方世界中，在髮型與服裝等視覺性別角色的差異愈來愈大，尤其是從阿拉伯穆斯林文化背景前來的年經移民最為顯著。雖然女性主義運動的老將認為這般發展對女性解放而言是令人無法釋懷的挫敗，但同樣的問題依然存在，那就是：性別差異是否一定代表女性受到壓迫了？緊身服飾並不一定代表「女性化」與「無助感」，反而如同文學學者兼時尚專家芭芭拉・范肯（Barbara Vinken）所寫的，女性暴露、緊身的穿著打扮可以被解讀成力量與自信，或甚至是侵略性的表達：「正如革命以前的男性，女性現在展現出由於能幹而美麗、幾乎具備侵略性的身體——這個身體可以征服公共場域、打網球、滑雪、跑步，甚至在不得已時也可以殺人。例如抽著菸、身穿西裝的短髮瑪琳・黛德麗（Marlene Dietrich）就是源自於這種陽具展現。這種女性不會落為男性凝視的受害者，反而會吸引他們的目光。」[1]

此外，性別理論學家朱迪斯・巴特勒（Judith Butler）在她的著作《身體之重》（*Körper von Gewicht*）裡解釋道，有意識地翻玩性別定型的服飾或行為也能夠被視為一種翻轉性別身分認同與規範的作法，並因此達到賦權的效果，換句話說，為自己帶來力量。

---

1 Vinken, Barbara: » Männer sind die neuen Frauen: Unisex oder Cross Dressing ? « in Kleiderfragen (Hg: Gürtler, Christa, und Hausbacher, Eva. Transcript, 2015, S. 24.

與七〇年代強調對等的女性主義相反的模型為差異女性主義（Differenz-feminismus），代表人物包括茱莉亞・克莉斯蒂娃（Julia Kristeva）與露西・伊瑞葛來（Luce Irigaray）等。這個流派的思想打從一開始就拒絕了以同化為目標的文化戰爭，並大肆宣傳女性特質的他者性，主張我們應該要強化這份他者性，而不是使它與男性的模式同化、進而削弱它。在這個脈絡中，心理學家卡羅爾・吉利根（Carol Gilligan）的科學研究結果顯得相當有趣。她於七〇年代時與著名的心理學家勞倫斯・柯柏格（Lawrence Kohlberg）合作，其中，後者曾為了調查人類的道德能力而對受試者進行大規模實驗，並進一步以該項研究為基礎，提出一個六階段的人類道德發展模型。而時任柯柏格助理的吉利根注意到，平均而言，男性的表現優於女性，但當時參與柯柏格實驗的女性也屬於少數。吉利根在她一九八二年的著作《不同的語音》（*In a Different Voice*，德文版 *Die andere Stimme* 於一九九九年出版）中除了批評柯柏格之外，也批評了其他像是皮亞傑和佛洛伊德等心理學家，認為他們的研究並未納入充分的女性觀點。根據科柏格的評量模型，女性並未達到「普遍價值」，也就是道德的最高層級，其背後的解釋是，女性在面對正義等相關議題時，會傾向妥協與合作。相較之下，男性觀點強調律法與正義、忽略社群歸屬身分，而女性觀點則對脈絡較為敏感，並且著眼於確切的生命經驗。根據社會學家兼精神分析學家南西．雀朵若（Nancy Chodorow）的理論，與男生不一樣的是，女生不需要為了定義自己的性別角色而與母親——他們的主要照顧者——保持距離。而吉利根以此為基礎，強調人類的連結、社群及溝通等價值會被女性擺在前景位置，而不是像一般男性那樣，通常將這些價值視為抽象的原則[2]。

愛欲的人文主義所提倡的文化實踐是，合作意願與體貼周到等心意並不見得要跟相似性或平等性綁在一起。而在不管文化差異的情況下仍能彼此尊重的互相合作，正是現代文化多元社會所面臨的挑戰。我們不需要將文化或性別特徵變得一致，就可以達成共識、認同人道待遇的通用原則。

我們可以再更進一步地說，以平等為出發點的女性主義教條認為性別差異純粹是人為建構出來的，因此我們只能（且應該）藉由轉型策略消除那些差異。但

2 即使蘇珊．莫勒．歐肯（Susan Moller Okin）等自由派女性主義者反對男性在面對戰爭等個人人生經歷時，也能夠訴諸於社群、對脈絡敏感，但吉利根的立場在世界各地獲得廣泛認同。

那其實是一種形式的投降——向「跨越文化與性別界線、建立符合人文主義的實踐作法」投降，並將這項人文主義任務改以同化取代之。

不過，還有另一個在歷史上比較成功的替代方案。事實上，在所謂真正的社會主義國家中，他們的平等概念比西方世界來得更加先進，這一點幾乎沒有人會提出異議，雖然在斯洛伐克過去幾十年由共產統治的期間，其文化究竟是否談及「性別角色的平等」也很難說。但在鐵幕落下之後，東歐那份充滿自信的女性氣質讓許多飽受七〇年代女性主義文化戰爭叨擾的男性印象深刻。多項社會學及心理學研究曾指出，在過去，包括德意志民主共和國在內的東歐女性一直到兩德統一之後不久，不只普遍較有自信，對她們的伴侶關係也較為滿意。此外，根據美國人類學家克莉絲汀·歌德席（Kristen Ghodsee）的研究顯示，她們也對自己的性生活較為滿意[3]。如果我們去探究原因的話，東、西歐社會模型之間的社經差異就會清楚地浮現出來。在西歐，以單薪家庭為主的趨勢已有數十年歷史，女性於經濟上無法獨立、家事私有化普及，但社會主義國家努力使男女就業率大致對

---

3 Kristen R. Ghodsee: *Warum Frauen im Sozialismus besseren Sex haben. Und andere Argumente für ökonomische Unabhängigkeit.* Suhrkamp 2019.

等，靠的就是將家事與育兒社會保險廣泛國有化。其中更是因為有國家育幼設施、針對單親母親所設置的社會支持辦法等，這種模式才能順利運行。於是，社會主義國家幾乎不會因為要繳交保費而產生衝突；也有很長一段時間，東德的婚姻比西德的來得更加穩定。

這些於生存文化與社經策略上的差異，也打從一開始就滲入女性運動之中。一九一八年，美國品牌 Levi's 為女性設計的「Freedom-All」（人人自由）系列長褲上市，旨在鼓勵她們將解放的目標清楚地展示於眾。但女性真的有必要為了擁有平等權利、取得平等地位而在外觀上也調整成男性的模樣嗎？

大英帝國、美國與歐洲的女性參政運動在十九世紀晚期開始獲得愈來愈多關注，而在勞工運動中也發展出另一種女性解放的規範。由於一般而言，女性勞工於經濟上沒有機會享有穩定的家庭關係，在勞動人口中的非婚生子女比例相當地高，女性被迫自己賺錢維生，她們便在無產階級中形成一種伴侶關係模式，讓男女公平地爭取對等工資及較佳的工作條件。

一八七九年，奧古斯特．倍倍爾（August Bebel）的著作《女性與社會主義》（*Die Frau und der Sozialismus*）問世，雖然該書在一年後遭禁，但它儼然成為社會主義文學中數一數二具有影響力的作品。因此，或許正是多虧了這本書，德國社會民主黨於一八九一年成為第一個將女性投票納入綱要的德國政黨，達成了倍倍爾在書中提出的訴求：「如果沒有社會獨立與性別平等，人類就沒有自由。」

我們可以為愛欲的人文主義規範做出以下的結論：如果我們要在不同性別之間建立符合人文主義、彼此尊重的合作關係，最有效的方法就是運用政治確保平等的選項，並且在面臨父母離異、生老病死等生存危機或特殊挑戰的情況下，仍能維持讓人們達到生命自決的社會條件。這樣的政治社經策略在文化上能夠保持中立，並能夠放棄想改變他人性別身分認同與生活方式的目標。

第十四章

你會帶巧克力夾心給我嗎？認同的詭論

我們正處於六〇年代晚期的一座愛爾蘭小鎮。小男孩派翠克（Patrick）站在鏡子前，穿著一身碎花洋裝、雙唇塗得紅紅的。他打從有記憶以來就覺得自己是女生。他的繼母看到鏡中塗著紅唇的他時，對他尖叫。她把他抓進浴缸裡，粗暴地用肥皂刷洗他，好像可以把他想要成為另一性的渴望洗掉似的。畢竟，其他人該怎麼想呢？難道他想在其他人面前將全家捲進這攤不可見人的污泥中？但他學校裡的老師和校長也不太理解他那些所謂違背常理的傾向。一個想要變成女孩的男生——那是不正常、不端莊、不道德的。不過，正如尼爾・喬丹（Neil Jordan）二〇〇五年的電影《冥王星早餐》（*Breakfast on Pluto*）一再地向我們展示的，不道德的並不是男孩，而是那個本性虛偽、暴力的社會。

當派翠克或「小貓」（他自稱的暱名，也希望別人這樣叫他）年紀夠大的時候，他收拾行李、搬到倫敦，總算能夠自在地活出自己的性向認同。他把頭髮留長、把長褲換成裙子，並畫上女人的眼妝。隨著他變得愈來愈女性化，他談戀愛的對象也變得愈來愈有男子氣概。即使他們後來都讓他失望——或更準確一點，「她」——小貓總是滿懷希望地能夠遇到新的男人。

「如果你回到家，看到我躺在地上……你會帶我去醫院嗎？」她含著媚眼問了每一位新的潛在情人這個問題：「你也會帶巧克力夾心給我嗎？」

在她的幻想中，小貓是一個脆弱、忠貞的女人，只有男人的愛可以為她帶來救贖。於是，她一而再、再而三地在戀情中扮演著超級女性化的順服角色。即使她的第一任男友——搖滾歌手比利（Billy）——將她安置在破爛的拖車中，好讓自己清淨地在國內各地巡迴，只有偶爾會來她家找她，而她也心懷感激地接受了這般順服的家庭主婦角色。她很高興能夠待在拖車裡打掃環境、準備餐食度日。她冷靜地忍受他自私的天馬行空，她也接受他為愛爾蘭恐怖組織「愛爾蘭共和軍」（IRA）工作的事實，即使那讓她的生命陷入危險。

她過著極端的生活，而她的生活目標就是被男人愛與保護。作為某種女性形象的諷刺刻畫，她步履蹣跚地穿梭在這個世界當中，準備好隨時將自己獻身給男人，並徹底臣服於對方的權威與保護之下。當小貓被誤認為愛爾蘭恐怖分子而入獄時，她的受虐狂受難記來到劇情高潮。她任由自己受人毒打、羞辱，而且她不但沒有哀求施虐者饒過她，反倒拜託他們把她留在牢獄裡。小貓的絕對忠誠令調查官困惑不已，到最後他們不但放棄追究，甚至更反過來幫助她。小貓過剩的女性特質成為了她最強大的武器。

當然啦，這樣的女性形象並不符合特定的女性主義訴求，也就是主張女性唯有不當家庭主婦或處於附屬角色時才能夠實現自我的觀點。尤其在《冥王星早餐》劇情設定的時空背景下，有一個強勢的女性主義敘事儼然成形：家庭主婦所做的只有照顧丈夫與孩子，而這樣的女性於內心層面無法獲得自由，也無法成為自己。這種受人壓迫、絕望又無法進行自我反省的（負面）家庭主婦套式之所以會在西方文化中興起，很大一部分可以歸功於像是在一九六三年出版《女性的奧祕》（*Der Weiblichkeitswahn*）的美國女性主義者貝蒂・傅瑞丹（Betty Friedan）等人。這種套式一直持續至今，甚至在當代文化中形成一種尤其具有爆炸性的力量，好比美國影集《廣告狂人》（*Mad Men*）中絕望的家庭主婦角色——貝蒂・德雷柏（Betty Draper）。

儘管《冥王星早餐》內對女性氣質的描繪在女性主義者看來很有問題，但至少經過仔細審視之後，影評稱讚電影將主角設定為跨性別者，向觀眾展示局外人在社會上生存的困境。近年來，跨性別者獲得愈來愈多關注，而這個現象似乎也愈來愈能實現某種象徵性的功能——如果可以接受跨性別者的話，就代表他們已經戰勝了傳統規範及父權體系，而那也是隱藏在其中的訊息。

不過，這又會導向一種矛盾的情況。如同電影告訴我們的，小貓從童年早期就一直覺得自己生在錯誤的身體裡，而事實上，這種感覺在性別重置的心理與法律評估中扮演了很重要的角色。如今，只要有人可以提出可信的證據、證明他們覺得自己在錯誤的身體裡，那他們就有權進行性別重置。但這就一定會導向這個結論：女性氣質（或男性氣質）是天生的，並不是只有在經歷文化制約之後才會出現，甚至也不是個人決定的結果。於是，跨性別現象的解釋模式屬於本質主義。然而，這又該如何搭上許多理論家與運動者所持的信念呢？尤其是他們相信跨性別者在翻轉、挑戰異性戀規範及父權秩序中扮演了重要的角色，但這些秩序的基礎又應該是本質主義？

我們可以在同性戀評估中找到相似的矛盾情境。過去有很長一段時間，同性戀之所以會受到詆毀，有一部分能夠歸因於「同性戀的誘惑」的論點，而這個論點也跟法律相關。我們應該要不斷地保護年輕人（男性），這樣一來，他們才不會面臨同性戀現象，或是年紀輕輕時就接觸到同性戀的追求。關於這一點，適當的回應是要清楚地表達同性戀並不是罪，而且同性情欲的生活型態就跟異性情欲一樣令人感到滿足，更重要的是人的自決權，不論是國家或社會都無權以審判權威的姿態介入。不過，在許多文化中，大多數人仍無法接受這個觀點，所以人們改訴諸於一個實證式的論點：個人經驗——也就是與同性戀接觸的經驗——並不會影響性向，不論你本人是否為同性戀皆然。

另一個不一致的例子是陰陽人的評估。過去有很長一段時間，人們在處理生理性別不明確的陰陽兒童時，是由醫生透過外科手術的干預及調整內分泌的方法來決定孩子的性別——換句話說——以糾正第一性徵的二元呈現，並在接下來的人生中以賀爾蒙鞏固選定的性別。這種作法背後的概念是，如果我們在童年初期就將性向定義完成，那社會與文化角色也會固定下來，進一步穩定整體性別認同。然而，許多接受過這種生理學操作而得到明確性別身分的人，即使在本身不知情的情況下，仍覺得自己屬於另一個被醫學方法抑制下來的性別傾向。人們一直到後來再也無法忽視這項事實了，才開始質疑這種作法的正當性，許多國家也才紛紛禁止它。

二元性別秩序的刻板印象將性別角色與實踐編成固定典範，也限縮了個體的自決權。因此，七〇年代以降的女性主義的一個關鍵動機便在於反抗這種刻板印象。理想上來說，主張平等的女性主義者認為性別身分認同應該要被弱化，讓它在公眾生活中頂多只扮演附屬的角色。這就解釋了為什麼他們會蔑視特別強調女性氣質的女人（見第十三章普什與史瓦澤的對談），同時批判那些強調典型男性特徵的男子氣概行為。於是，他們採用一種實證式論點來支持消除差異的企圖，那就是：性別特徵並不是天生，而是人為的，至於物理差異可以追溯回文化差異。生物學這一門科學素來被指控為「生物主義」（Biologismus），也就是將文化解釋模式投射至生物學——其背後的基礎正是物理「本質主義」。然而，與此同時，女性主義運動也採取了另一種本質主義策略，那就是將性別身分認同標榜為一種文化建構。於是，多數參與酷兒及跨性別運動的知識份子採用文化研究中稱為「性別建構論」的理論，並非偶然。例如哲學家朱迪斯・巴特勒在她的書寫裡主張應該要將性別視為一種透過表述行為鞏固或不斷證實的特徵。同樣地，在這個例子中，本質主義與建構主義之間也存在著矛盾——我們不能針對不同例子、根據當下的策略目標一一採用不同的解釋模式。

還有另一個矛盾的例子是關於所謂的「排跨基女」（TERF；排除跨性別的基進女性主義者）的爭論。之所以會掀起這場爭論，是因為《哈利波特》作者J・K・羅琳（J. K. Rowling）等人反對讓跨性別者使用女用廁所。其中，羅琳的理由是那樣做會有男性藉此入侵女性領域的風險。這個論點屬於本質主義，她拒絕將性別身分的文化建構套用至跨性別的情境，並因此也隱晦地表達了性別身分的不可取得性；換句話說，其中一方是女性，另一方不是——我們既不是被他人塑造成特定性別的，也不能把自己變成那個性別。

以上這三個例子——同性戀、陰陽人與跨性別者——都顯示出這種敘事的內部矛盾，因為我們無法同時代表兩種立場，包括：性別身分為文化建構，而遺傳並不相關或只扮演附屬角色，但另一方面又認為性別身分是無法取得的東西、無法透過外在影響操控，也不僅止由文化建構而成。

適切的當代回應應該是讓社會學習接受同性戀、陰陽人與跨性別者，脫離女／男、同性戀／異性戀等分類清楚的二元模型。**如果我們能徹底將性別身分從法律及政治規範中移除，那就能夠符合愛欲的人文主義精神，因為在擔任公職、專業成就或平等的公民認可等事件當中，性別身分並未扮演任何相關角色。有一些法律提案呼籲廢除出生登記中的性別登記步驟[1]，但問題在於，過了十八歲之後仍繼續不登記性別的理由是什麼？事實上，我們可以移除所有跟法律無關的分類，像身分證上也沒有登記膚色。但這不關乎於消除性別差異與否，相反地，自由發展出更加明確的角色——或廣義來說，具備更多愛欲色彩的角色——屬於個體自決的範疇，也就是愛欲的人文主義的核心價值，不論哪一個生物因素具備決**

1 Kolbe, Angela (2009): Intersexualität, Zweigeschlechtlichkeit und Verfassungsrecht. Frankfurt am Main: Nomos, S. 179 ff.

定影響力與否都一樣。但像是第三性、第四性（例如「多元」、「性別未定」）等新規範不但無法發揚前述「透過不相關因素達到解放」的訊息，反而會使它受到威脅。限制個人愛欲表達及集體身分認同的社會運動，會危害到個人撰寫自身生命故事的作者地位。

第十五章

當英俊的王子私奔：愛情關係的規範和標準化

「除了將英俊的王子釣上鉤之外，你還會做什麼？你是演員之類的嗎？」一年紀較長的商人問了披著一頭白金色頭髮、充滿魅力的貝蒂・德雷柏這句話。她稍微臉紅，半羞愧、半驕傲地說道：「不，我是家庭主婦。」

當時是一九六〇年。貝蒂・德雷柏是一位住在紐約郊區的已婚婦女，有著成功的丈夫讓她可以奢華度日，還有兩個小孩跟一棟漂亮的房子，可說是過著完美的生活。她下午會見朋友、去騎馬或買漂亮的衣服。要是她跟丈夫之間沒有問題就好了——她丈夫總是不斷地外遇。起初，貝蒂只是隱約有一種直覺，但後來她就確定了——她丈夫是個大騙子和劈腿男。事實上，唐（Don）是一個花花公子，他在每一集裡幾乎都會成功引誘到一個新對象。過得不快樂的貝蒂逐漸養成抽菸、酗酒的習慣，直到她遇到了一位離過婚的政治人物——對方簡直是保守、忠誠的完美男人代表——她才鼓起所有的勇氣離開唐。雖然影集《廣告狂人》沒有特別將貝蒂描繪成討喜的角色，但美國觀眾尤其能夠透澈地了解這個處理方式。

不只是在一九六〇年，丈夫於情感上或性事上的背叛，至今仍是社會上無法苟同的事。不管是鮑里斯・貝克（Boris Becker）、比爾・柯林頓（Bill Clinton）或阿諾・史瓦辛格（Arnold Schwarzenegger），作為當代道德禮儀喉舌的八卦畫報刊物《萬花筒》（*Bunte*）、《慶典》（*Gala*）或《婦女畫報》（*Bild der Frau*），都同意劈腿的男性是不道德的，必須被排除於社會之外。

這種規範深深掘入社會的文化意識與無意識範疇，並藉此形塑社會上的成員。有多少婚姻因為丈夫的外遇浮出檯面、然後妻子幾乎都覺得自己必須處罰這種行為而受苦或失敗？其中，妻子的處罰方式可能是離開對方，或是藉由多年不斷地指責、情感疏遠或禁欲來持續懲罰對方的罪行。在某些名人夫婦的案例中，我們可以發現好像是大眾的反應啟動這種互動的。例如米歇爾・傅利曼（Michel Friedman），他在電視上素來將自己塑造為嚴謹的衛道人士，但當他因為接觸（強迫）買春與古柯鹼而惹上麻煩時，他的妻子芭貝爾・沙弗（Bärbel Schäfer）起初不受影響地支持他，但後來或許是由於公眾壓力——不論是八卦新聞或有時候比較嚴肅的媒體也會報導——沙弗開始暫時疏遠傅利曼。

如果夫妻其中一方外遇，那婚姻就隨即結束——這絕對不是普世法則。在歐洲文化史的某些時期當中，人們甚至覺得「婚姻忠誠」並不是一件尋常的事，更需要進一步的解釋。這可以套用至古希臘與古羅馬，尤其是當時的男性貴族，不過女性也享有自由，只不過比較低調罷了。十九世紀晚期至二十世紀初期的中產階級紳士不但富有、受人尊崇，當然也有妻子和一整個大家庭，通常都會跟其他女性維持穩定的長期關係，而對方可以從他們身上獲得事業上或經濟上的好處。他們的妻子似乎對這種活動相對沒興趣，反正只要不要危害到表面上體面有禮的形象及家庭秩序的穩定就好了。

女性外遇的行為也受到不同文化時尚所影響。像是在洛可可時期，女性不忠相當常見——貴族婦女可以在丈夫以外同時擁有一位稍微得體、上得了檯面的公開情人，然後跟其他較低階層的男性維持一、兩段多多少少較不光彩的關係，他們通常是雇來替貴族工作的人。但到了十九世紀，女性不忠變成一種禁忌。十九世紀的小說不斷以戲劇化的方式描繪出軌的女性，包括《包法利夫人》（*Madame Bovary*）與《艾菲布里斯特》（*Effi Briest*），後來面臨了某種程度上的社會性死亡，以及心理上與生理上的死亡。如今，人們對於女性不忠的態度已經變得開放許多，甚至更勝於男性不忠——人們要不是完全不去提及這個話題，不然也就只會稍微帶過，而在談論的時候，也會極度謹慎，或至少顯得相當寬容。

當比爾·柯林頓因為婚外情在美國受到大眾批評時，柯林頓夫婦皆曾表示他們的婚姻有時候確實會觸礁，而且希拉蕊也沒有時時遵守婚姻忠誠的理想，但這段內容最後並沒有引起大眾關注，甚至被理解成純粹是在保護比爾的說法。而由於異性戀的外遇是屬於男女之間的二元關係，所以在看到「男性似乎比女性更常出軌」的數據時，我們務必保持懷疑態度。事實上，因為已婚女性跟已婚男性基本上一樣多，而涉及異性戀婚外情的人數通常在性別上會呈現平均分布，除非是三人行的情況，要不然我們應該要這樣想：外遇現象在兩性之間的分布大致相當。那這就回到（主動）偷吃的丈夫與（被動）被劈腿的妻子這種陳腔濫調的說法的問題了。總的來說，在這個領域裡，男性為掠食者、女性為受害者的意象比較符合文化刻板印象，並非情欲現實。

二〇一七年，《萬花筒》雜誌呼籲：「女性不該羞於偷吃！」[1] 相較之下，試想像，如果標題是：「男性不該羞於偷吃！」那想必會引起群情激憤。

事實上，儘管「夫妻與孩子同住」是一個跨文化常態現象，但似乎還有許多其他各式各樣的生活型態與愛情組合也符合人類的先天遺傳傾向，包括同性關係，以及三角戀和短期、長期婚外情。其中的變數比較不在於愛欲實踐，而是社會態度與激怒群眾的標準。

1 Katja Schneider: » Keine Frau sollte sich fürs Fremdgehen schämen ! «, Interview mit Michèle Binswanger, 2. September 2017, unter: https://www.bunte.de/family/liebe/untreuekeine-frau-sollte-sich-fuers-fremdgehen-schaemen.html (abgerufen am 5. 8. 2021).

一直到一九六〇年代初以前，人們將十九世紀大肆宣傳的父權、一夫一妻核心家庭理想視為唯一的理想生活型態，但短短幾年後，六八運動便開始從根本上質疑這個概念。其他另類的生活方式，包括生活在禁止「性的排他」的社區裡，或是像《夏日之戀》（*Jules und Jim*，楚浮〔Truffaut〕於一九六二年執導的電影，改編自亨利－皮耶・侯歇〔Henri-Pierre Roché〕的自傳小說）裡的那種三角關係，以及一九九〇年代以降多邊戀運動，都在以激進訴求挑戰「性的排他」及「情感排他」。

規範本身並不一定是壞事。以文化為基礎的共同規範可以創造共同期待，同時限制並簡化感情關係生活。有了大家都可以接受且不辯自明的事實之後，很多提問就變得不必要而可以省下來了。唯一的問題在於無法忍受偏差的排外標準，這違反了愛欲的人文主義的基本原則——自決與生命自主。

文化規範不該忍受偏差，但偏差也不應導向蔑視與排外之心。在制裁違背規範的行為的同時，我們絕對不能危害到「對每一個個體抱持對等尊重」的原則，但前提是，這些偏差不能迫害到人道生活型態的基礎，像是戀童癖行為或薩德侯爵（Marquis de Sade）式的行徑。雙方合意的虐戀實踐並不違反這項人道原則，甚至是所謂的「全天候支配與臣服」（24/7 D/S）也一樣，是由關係雙方同意，除了在性方面實行支配與臣服角色之外，雙方的整體共存關係也依此形塑而成。當我們可以進入依附關係、並且隨時能夠終止關係，那也屬於人類自決的一部分，換句話說，個體自主權並沒有遭到破壞[2]。

不管是在什麼樣的情況下，人們似乎普遍渴望標準化，例如每當社會上出現偏離社會規範的現象，它們很快就又會被正規化。好比六八世代試圖打破共存關係的「中產階級規範」，但這種新的自由很快地就讓多數參與者感到無法負荷，各種新規範便油然而生，包括威廉·賴希（Wilhelm Reich）的性義務運動，以及基進女性主義者的插入禁令。當代的多邊戀運動也沉溺於各式各樣的規則，他們在社群媒體上廣泛地討論著這些規則，大概也真的去實踐它們。令人驚訝的是，原先就已經發展完成的規範通常不需要任何合理解釋或討論，但如果要將偏差標

2 在哲學領域內，人們針對這個問題有大量充滿爭議的辯論：個體自決（自給自足與自主性）是否也包含選擇依附他人的權利？許多人同意，世界上並沒有任何具有約束力的合同來規範永久性的奴隸身分。擁有「終止」這個選項是自主權中非常重要的一環。就連較輕微的依附型愛情與生活樣貌，例如自願選擇成為經濟不獨立的傳統家庭主婦及母親，都有人批評，但也有人為之辯護，認為那也是自決的生活方式的一種選擇。而像是「順服的妻子」（surrendered wife）或忠貞的妻子等較極端的變體，也有蘿拉·朵依爾（Laura Doyle）特別以此名稱為標題寫書捍衛（德文版書名為《你就放聰明點當個女人》〔*Einfach schlau sein, einfach Frau sein*〕，Goldmann 2001），並因此引發一場極具爭議性但真實的運動。

準化就需要高強度的正當解釋，而且顯然必須願意參與批評。事實上，偏離文化中既有情欲規範的行為通常會享有資訊不透明、曖昧模糊的寬容待遇，但如果要標準化的話，這樣的待遇便不復存在，其中的衝突會變得更加難搞，愉快的情緒也跟著減少。

可能的話，人的生活形式是不該被質疑的、是由穩定的共同期待形塑而成，而且也不值得被人拿出來討論。但在現代的多元文化社會中，真實情況離這個模樣愈來愈遠，生活形式逐漸成為眾人辯論的主題。與此同時，人們對於將自己的日常實踐「問題化」又有強烈的抵抗直覺。但畢竟「鏟子會彎回來」（維根斯坦〔Wittgenstein〕在《論確實性》〔*On Certainty*〕中說道），所有的辯解最後還是得回到明顯可見的實踐。因此，愛欲的人文主義必須小心不要跌入烏托邦式的理性主義，認為我們可以根據自己的想法重新建構人際關係，並徹底地解釋其中的每一分、每一毫細節。如果我們必須因應所有可能會受到影響的角色而重新協調所有的期待的話，那最後得出來的理性解釋會跟情緒——組成愛情關係的元素——陷入嚴重的衝突之中。

這就是模糊與透明等現象可以登場的時刻了。其實並不是所有事情都必須清清楚楚、破除曖昧，然後為此加以協調。自決的人生可以透過一定程度的不透明性來避免過度的理性化，以及不著邊際的干預。如果所有事情都像是在第一公社（Kommune 1）裡必須在早餐桌邊被攤開來討論、辯證，然後接受所有成員的批判，那就破壞了個人的生命自主性，個體將會以具有侵略性的優勢前傾，或充滿恐懼地回彎、從眾。

西方世界那些標榜透明的出征行動，進一步強化了這種從眾現象。儘管格奧爾格·齊美爾（Georg Simmel）曾在十九世紀時主張祕密是「人類數一數二偉大的智慧成就」，但到了今天，西方文化中已經沒有人會興高采烈地讚揚祕密與隱私了。德國的資料保護措施幾乎完全只仰賴資料節約（Datensparsamkeit），這並不利於智慧城市的發展、公共服務的數位化，以及以大數據為基礎的科學與醫療動態，但卻絲毫不影響來自矽谷的數據分析巨頭，也就是那些大量利用線上服務使用者最為隱私的個人偏好設定資料，來獲取極高利益的商業模式。

現今的流行文化充斥著自我否定與曝光的慣例。像是在《德國超級名模生死鬥》（*Germany's Next Topmodel*）或其他各種電視選秀節目中，揭露參賽者個人隱私資料、但幾乎假裝成自白的橋段，就跟紀錄其他無聊但私密的細節一樣重要，而這正是許多社群媒體運行的其中一項原則。相信資訊透明就是萬靈丹的思想，肯定部分源自於「公開私事」的傳統——這是從美國傳過來的，起源可追溯至清教徒移民的文化習俗，也就是個人會透過所謂的**皈依敘事**（*conversion narrative*）公開表明自己的心理狀態，以進入他們所選擇的信徒（「聖徒」〔saints〕）的社群。我們在現今的美國文化中依然可以找到這個主題，包括在自助團體面前自白的酗酒者、性愛成癮者或哀悼者，到好萊塢電影裡、常發生在劇情高潮橋段的神奇場景——主角將自己端到大眾面前發表一段演說，可能是承認自己的罪狀、宣告自己的愛或改過向善的決心，然後獲得大眾的鼓掌，並被（重新）接納進入群體之中。

如今，根據社會所接受的思維邏輯，任何外遇的人不只犯了錯，更必須向他們的伴侶坦承過錯，或是像伴侶治療師艾瑞克．赫格曼（Eric Hegmann）於《婦女畫報》裡所說的：「如果要的話，就馬上承認。當一名伴侶將這件事隱瞞得愈久，就會對關係帶來愈加沉重的壓力，也會感覺像是愈加糟糕的背叛。」有趣的是，赫格曼自己提到了「背叛的感覺」，等於是在承認這不是一種道德真相，而是一種感覺，那就會受到文化評價與規範所影響了。達成「外遇」的條件，是要有能夠解釋共同期待的明確或隱晦共識，也就是婚姻忠誠；但在封建家庭、洛可可時期，或是六八運動的左翼自由派的伴侶觀念裡，這種期待並不存在，所以在定義上，婚外情並非出軌背叛。於是，上述這位婚姻諮商師的評價並不科學，反而是一種主觀論述，並跟文化條件相關。所有的伴侶關係皆會發展出共同期待，以及隱晦、或時而明確的共識，來決定哪些行為是關係雙方可以接受的。

關於保護私人祕密的話題，非洲的情況就跟我們不同了。根據宗教學教授伊克楚庫・安東尼・卡努（Ikechukwu Anthony Kanu）在他的論文〈非洲傳統宗教中的祕密悖論〉（The Paradox of Secrecy in African traditional religion）中所指出的[3]，保守祕密、並且只在特定情況下才會揭露祕密的作法，除了在維持宗教與社會習俗上有其重要性之外，祕密本身對於許多非洲社群而言也非常重要，一方面是因為祕密賦予個人或群體身分認同，另一方面則是因為唯有保持神祕才可以營造神聖感。心理學家也經常強調祕密在發展個人性格過程中的重要性。

不過，在我們的文化及其他許多文化當中，人們對於曖昧與隱晦的渴求似乎也還沒完全消失無蹤，例如保羅・傑諾維西（Paolo Genovese）於二〇一六年大獲成功的電影《完美陌生人》（*Perfetti Sconosciuti*）及後續的許多改編作品，便呈現出透明文化的負面後果，以及揭露私人祕密具有破壞友情、關係與婚姻的可能

3 Ikechukwu Anthony Kanu: » The Paradox of Secrecy in African traditional religion «, in: *International Journal of Religion and Human Relations*, Vol. 10, No.1. September 2018.

性。以下是由法國改編的版本，於二〇一八年上映，片名為《誠實遊戲》（*Le Jeu*）：

新聞主播表示，今晚可以觀測到一個特殊的自然現象，也就是許多法國人已經失去耐心、期待已久的特殊自然現象——月食。

鏡頭從室外拉近到一間舒適的巴黎公寓內。桌子的擺設充滿慶祝節日的氛圍，屋子的主人站在廚房裡，看得出來他全神貫注地盯著手機。隨著鏡頭持續拉近，我們可以看到究竟是什麼讓他如此著迷——他正滑過一張又一張豐滿的女性胸部圖片。當他的妻子突然從後方冒出來的時候，他立刻把手機收起來。她看著他，兩人安靜了片刻，接著，他對她微笑，說道：「你美呆了。」

隨後不久，她走進走廊。她出於好奇地翻了翻青春期女兒的包包，立刻翻出一盒保險套。不久後，女兒從自己的房間走出來，當場逮到母親的行徑，感到生氣且惱火——她媽媽怎麼可以如此不尊重她的隱私？這正是這部電影的主題：祕密。每個人所擁有的祕密、每個人想要保守的祕密。

現在，客人紛紛抵達。現場氣氛很放鬆，畢竟大家都已經相識幾十年了，是很熟識的朋友。大家吃了很多東西、喝了更多東西，而那或許就是為什麼他們後來會決定在這個充滿樂趣的夜晚玩一個非常特別的遊戲。所有的手機都必須放在桌上。從此刻開始，所有新進來的訊息或郵件都必須開給大家看，或大聲唸出來。於是，當外面的月亮逐漸被地球的陰影遮蔽時，屋內的主角們在做完全相反的事——揭露自己的私人生活。有些人可能可以看得出來，他們覺得這是一個很蠢的點子，同時也希望不要在那個晚上如此赤裸地揭露自己。但因為大家都已經誇口說自己沒有對彼此隱瞞任何祕密了，事情儼然一發不可收拾。

一個又一個祕密被揭開，到最後，一切都走樣了。那些夫婦對彼此感到失望、受傷。新婚不久的托馬斯（Thomas）發現年輕漂亮的妻子定期會接到前男友的電話，而她也發現自己的丈夫不只在外面跟另一個女人有一腿之外，對方甚至還懷了他的孩子。女主人偷偷地讓丈夫的同事做豐胸手術，並跟托馬斯有一段私情，而男主人不只在瞞著妻子做心理諮商治療，給女兒那盒保險套的人也是他。

這一群朋友之中最聰明的人大概是那位愜意的胖男人。他是體育老師，過去以來一直隱瞞自己的同性戀傾向。「所以我們再也沒有隱私了嗎？」另一個令人難堪的祕密被揭發之後，他充滿指責意味地對大夥兒說：「這些手機奪走了我們的隱私。我們只不過是心甘情願的受害者，每天都一點一滴地失去我們的自由意志。」無論如何，他絕對不會讓自己的朋友陷入這種局面，把所有的祕密拖到檯面上，將大家的所有行為攤開來審視、評價。他說：「人都會保護我們的所愛。」聽到這句話之後，其他人都自覺羞愧地看著他。

正當一切似乎將以混亂與悲傷收尾時，電影出現意料之外的劇情轉折。隨著客人離開主人的公寓，一一走下狹長窄小的樓梯或搭電梯下樓時，我們才發現，原來我們剛才看到的全都只是一場心智遊戲——事情可能會發生的另一個版本，但其實沒有真的發生。那些客人並沒有真的玩那個遊戲，所以他們的祕密都沒有被揭露。生活可以照常繼續，沒有傷害、沒有分離。「在愛情與友情裡，」在晚餐的尾聲，主人對妻子說：「我們最好還是不要知道彼此的一切。」

正如電影向我們清楚表達的那樣，當我們揭露一切、放棄擁有祕密和隱私的權利時，我們會失去很多東西，尤其是如果我們像電影劇情那樣被迫揭露、不是在出於自由意志的情況下揭露的話，更是如此。

愛欲的人文主義承認建立共存規範的文化成就，同意其可以促進生物性的穩定。不過，與此同時，也希望能讓每個個體能夠根據自己的想法安排自己的生

活，並活出不同的愛情樣貌。我們可以說，愛欲的人文主義試圖將保守的規範控制及烏托邦式的新結構互相結合。如果我們能包容曖昧的模糊地帶，並保有對自己的私人生活保密的權利，即使只做到某種程度，都可以讓這種理想真正獲得實踐。

西文與中文人名、名詞對照表

#MeToo Backlash	「#MeToo」運動後座力衝擊
12 Rules for Life	《生存的十二條法則》
68er-Jugendrevolte	六八運動
99 prominenten Frauen	年度最傑出女性

A

A Feminist Defense of Pornography	〈支持色情作品之女性主義觀點〉
Adenauerzeit	艾德諾時代
affirmative action	平權行動（肯定性行動）
Alan Page Fiske	艾倫・佩吉・費斯克
Alice Salomon Hochschule	愛麗絲沙羅蒙應用科技大學
Alice Schwarzer	愛莉絲・史瓦澤
Alphaweibchen	阿爾法女性
Alyssa Milano	艾莉莎・米蘭諾
Andechs	安德克斯
Andrea Dworkin	安德里亞・德沃金
Angelika Krebs	安潔莉卡・克萊布斯

Apollon	阿波羅
Arbeitsgemeinschaft	工作團體
Arkader	阿卡迪亞人
Aristotle	亞里斯多德
Ariadne von Schirach	阿瑞亞德娜・馮・席拉赫
Arnold Schwarzenegger	阿諾・史瓦辛格
Arthur C. Danto	亞瑟・丹托
Asia Argento	艾莎・阿基多
Athleticus	《奧林匹克動物員》
August Bebel	奧古斯特・倍倍爾
Avishai Margalit	阿維夏伊・馬各利特

B

Balance Ton Porc	揭發你的豬
Balthus	巴爾蒂斯
Barbara Vinken	芭芭拉・范肯
Bärbel Schäfer	芭貝爾・沙弗
Bedfordshire	貝德福郡
Benin	貝南
Berlin	柏林
Berliner Erklärung	《柏林宣言》
Betty Draper	貝蒂・德雷柏

Betty Friedan	貝蒂・傅瑞丹
Bild der Frau	《婦女畫報》
Bild-Zeitung	《圖片報》
Bill Clinton	比爾・柯林頓
Billy	比利
Biologismus	生物主義
Blondie	金髮美女合唱團
Bonobo	倭黑猩猩
Boris Becker	鮑里斯・貝克
bösen Blicks	邪眼
Bram Dijkstra	布拉姆・戴斯德拉
Breakfast on Pluto	《冥王星早餐》
Burkini	布基尼
Butler	巴特勒

C

Carol Gilligan	卡羅爾・吉利根
Caroline Criado-Perez	卡洛琳・克里亞朵―佩雷茲
Caster Semenya	卡斯特・瑟曼雅
Catherine Deneuve	凱薩琳・丹妮芙
Catherine Hakim	凱薩琳・哈金
Catherine Millet	凱薩琳・米雷

Charles Darwin	查爾斯・達爾文
Chief Bogo	蠻牛局長
Chippendales	奇彭代爾
Choderlos de Laclos	拉克洛
Chris Stein	克里斯・史坦
ciudad (avenidas)	〈城市（林蔭道）〉
Clare Gannaway	克萊爾・甘納維
Cromwell	《克倫威爾》

D

Damien	達米安
Daniel Defoe	丹尼爾・笛福
Das sexuelle Leben der Catherine M.	《凱薩琳的性愛自傳》
Datensparsamkeit	資料節約
Dave	戴夫
David Bowie	大衛・鮑伊
David Buss	大衛・巴斯
David Cameron	大衛・卡麥隆
Dawn Bellwether	羊咩咩
Debbie Harry	黛比・哈利
Deep Throat	《深喉嚨》
Dekolleté und Denkerstirn	〈低胸與思想家的前額〉

Der dressierte Mann	《被操縱的男人》
Der Glöckner von Notre Dame	《鐘樓怪人》
Der Rapunzelkomplex	〈長髮公主情節〉
Der Weiblichkeitswahn	《女性的奧祕》
Derrida	德希達
Deutscher Anwaltverein (DAV)	德國律師協會
Deutscher Ärztinnenbund (DÄB)	德國女醫師協會
Deutscher Ingenieurinnenbund (dib)	德國女工程師協會
Deutschlandfunk Kultur	德國文化廣播電台
Die Ehe der Maria Braun	《瑪麗布朗的婚姻》
Die Evolution des Begehrens	《慾望的演化》
Die Feuerzangenbowle	《火鉗酒》
Die Frau und der Sozialismus	《女性與社會主義》
Die Grüne	綠黨
Die Linke	左翼黨
Die Welt von Gestern	《昨日世界》
Dieter	迪特
Differenzfeminismus	差異女性主義
Don	唐
Düsseldorf	杜塞道夫

E

Edwin Meese	艾德溫・米斯
Effi Briest	《艾菲布里斯特》
Einfach schlau sein, einfach Frau sein	《你就放聰明點當個女人》
Elaine Showalter	艾蓮・修娃特
Elisabeth Anderson	伊莉莎白・安德森
Elisabeth Badinter	伊莉莎白・巴登戴
Eliza Haywood	伊麗莎・海伍德
Ephialtes	厄菲阿爾忒斯
Erasmus	伊拉斯莫
Eric Hegmann	艾瑞克・赫格曼
Eros	厄洛斯
erotisches Kapital	姿本力
Erotomanie	情愛妄想症
Esther Vilar	艾絲特・維拉爾
Eugen Gomringer	歐依根・宮林格

F

Facebook	臉書
Faramerz Dabhoiwala	法拉梅茲・達伯霍瓦拉
FAZ	《法蘭克福匯報》
Feldbusch	費爾德布施

Femen	費曼
Femme fatale	致命女郎
Ferdinand von Siemens	費迪南・馮・西門子
Fifty Shades of Grey	《格雷的五十道陰影》
Fin de Siècle	世紀末
Foucault	傅柯
Frankfurt	法蘭克福
Frans de Waal	法蘭斯・德瓦爾
Franz Anton Bustelli	法蘭茲・安東・布斯泰立
fraternization policies	交往政策
Freud	佛洛伊德
Friedrich Schleiermacher	弗里德里希・史萊馬赫

G

Gabon	加彭
Gala	《慶典》
Ganz oder gar nicht	《一路到底：脫線舞男》
Gartendessert	《花園點心》
Gauß-Verteilung	常態分布
Gaz蓋茲	
Gefährliche Liebschaften	《危險關係》
Gender-Konstruktivismus	性別建構論

Gender- und Frauenforschungszentrum der Hessischen Hochschulen (gFFZ)	黑森州大學性別及女性研究中心
Genus	《屬》
Georg Simmel	格奧爾格・齊美爾
Gerard Damiano	傑拉德・達米亞諾
Gerewol	格萊沃爾節
Germany's Next Topmodel	《德國超級名模生死鬥》
Gestern, heute und morgen	《昨日今日明日》
Gleichheit oder Gerechtigkeit	《平等或正義》
Goethe	歌德
Goethe-Universität Frankfurt	法蘭克福大學
Grundgesetz	《基本法》
Guy	蓋伊

H

Hades	黑帝斯
Hamburg	漢堡
Hanna Lakomy	漢娜・拉寇米
Hannibal	漢尼拔
Hans Pfeiffer	漢斯・普法伊費爾
Haraway	哈拉維
Harvard University	哈佛大學

Harvey Weinstein	哈維·溫斯坦
Heinrich Lohse	海因里希·洛海斯
Heinz Rühmann	海因茨·呂曼
Henri-Pierre Roché	亨利一皮耶·侯歇
Henry Miller	亨利·米勒
Henryk M. Broder	亨瑞克·布洛德
Hephaistos	赫菲斯托斯
Hermann Braun	赫曼·布朗
Hetaera Berlin	柏林交際花
Hilary Clinton	希拉蕊·柯林頓
Hitchcock	希區考克
Hitlerjunge Quex	《希特勒少年旗幟引導我們前進》
Hollywood	好萊塢
Holstein	霍爾斯坦
House of Cards	《紙牌屋》
Human Development Index (HDI)	人類發展指數
Humboldt	洪堡
Hylas und die Nymphen	《海拉斯與寧芙仙女》
Hystories	《歇斯底里史》

I

Idols of Perversity: The Feminine Evil in Fin-de-siècle Culture	《惡之偶像：在世紀末文化中惡女人的幻象》

ifo Institut	ifo 經濟研究所
IG Metall	德國金屬工會
Ikechukwu Anthony Kanu	伊克楚庫・安東尼・卡努
In a Different Voice	《不同的語音》
IRA	愛爾蘭共和軍
Intersexualität	陰陽人
Isar 伊薩爾河	
Ivan Illich	伊萬・伊里奇

J

J. K. Rowling	J・K・羅琳
Jasmin	茉莉
Je ne suis pas un homme facile	《我不是隨便的男人》
Job House	職業之家
Johann Wolfgang Goethe-Universität Frankfurt	法蘭克福大學
Johannes B. Kerner	約翰尼斯・克納
John William Waterhouse	約翰・威廉・華特豪斯
Jordan B. Peterson	喬登・彼得森
Jud Süß	《猶太人蘇斯》
judgmentalism	論斷主義
Judith Butler	朱迪斯・巴特勒

Judy Hopps	哈茱蒂
Jules und Jim	《夏日之戀》
Julia Hartley-Brewer	茱莉亞・哈特利—布魯爾
Julia Kristeva	茱莉亞・克莉斯蒂娃
Julian Nida-Rümelin	猶利安・尼達諾姆林

K

Kaja Silverman	卡佳・絲爾薇曼
Karl Grammer	卡爾・葛拉默
Karl Otfried Müller	卡爾・奧弗里德・繆勒
Karlheinz Stockhausen	卡爾海因茲・史塔克豪森
Kate Manne	凱特・曼恩
Kathleen Richardson	卡特琳・理查森
Kerl	克爾
Kevin Spacey	凱文・史貝西
Kfz-Mechatroniker	車輛機電系統整合工程師
Kibbuz	吉布茲
Klopstock	克羅普斯托克
Kommune 1	第一公社
Konstanzer Schule	康斯坦茲學派
Körper von Gewicht	《身體之重》
Krates	克拉特斯

Kristen Ghodsee	克莉絲汀・歌德席

L

Lacan	拉岡
Lais拉伊斯	
Lakedaimoniern	拉卡蒂芒人
Laura Doyle	蘿拉・朵依爾
Laura Mulvey	蘿拉・莫薇
Lawrence Kohlberg	勞倫斯・柯柏格
Lawrence Summers	羅倫・桑默斯
Le Jeu	《誠實遊戲》
Leanne Atwater	琳恩・艾華特
Leibniz	萊布尼茲
Leichtathletik-Weltverbands	世界田徑總會
Leodore Lionheart	獅明德
Lessing	萊辛
Léa Salamé	莉亞・薩拉梅
logozentrisch	邏各斯中心主義
Lola Montez	蘿拉・蒙提
Lomper	隆波
Loriot	洛里奧特
Luce Irigaray	露西・伊瑞葛來

Ludwig-Maximilians-Universität	慕尼黑大學

M

Mad Men	《廣告狂人》
Madame Pompadour	龐巴度夫人
male bonding	兄弟情誼
Malka Gouzer	瑪爾卡・高策
Manchester Art Gallery	曼徹斯特美術館
Mannweib	陰陽人
Matthias Geyer	馬提亞斯・蓋爾
Marc Luy	馬克・路易
Marcello Mastroianni	馬切洛・馬斯楚安尼
Margarete Stokowski	瑪格麗特・斯托科夫斯基
Margret Leeson	瑪格蕾特・李森
Maria Braun	瑪麗・布朗
Marlene Dietrich	瑪琳・黛德麗
Marquis de Sade	薩德侯爵
Marquise de Merteuil	梅黛侯爵夫人
Max-Planck-Gesellschaft	馬克斯—普朗克學會
Max-Planck-Institut	馬克斯—普朗克研究所
Meese Report	《米斯報告》
Melodram	通俗劇

Metropolitan Museum of Art	紐約大都會美術館
Michael Fallon	麥可・法隆
Michel Foucault	米歇爾・傅柯
Michel Friedman	米歇爾・傅利曼
Michelle Hartney	米雪兒・哈特尼
Mike Pence	麥克・彭斯
Mira Sorvino	蜜拉・索維諾
Moll Flanders	《情婦法蘭德絲》
motherhood penalty; Mutterschaftsstrafe	母職懲罰
Mrs Jerkins	杰金斯太太
München	慕尼黑

N

Nancy Chodorow	南西・雀朵若
Nathalie W.	娜塔麗・W
Neapel	拿坡里
Neil Jordan	尼爾・喬丹
New York University	紐約大學
Nicolas Deveaux	尼古拉・德浮
Noël Carroll	諾爾・卡羅

O

Obscene Publication Act	《淫穢出版物法》

On Certainty	《論確實性》
organisierter Skeptizismus	系統性質疑
Otos	俄托斯

P

Pablo Picasso	畢卡索
Pamela, Or Virtue Rewarded	《潘蜜拉》
Paolo Genovese	保羅・傑諾維西
Pappa ante portas	《吝嗇一家》
Patrick	派翠克
Paul Gauguin	高更
Paul Schrader	保羅・許瑞德
Pence-Regel	彭斯守則
Perfetti Sconosciuti	《完美陌生人》
performativer Widersrpuch	述行矛盾
Peter Brooks	彼得・布魯克斯
Peter Gauweiler	彼得・高維勒
Petrarca	佩脫拉克
Piaget	皮亞傑
Platon	柏拉圖
Pompeji	龐貝城
Pornografie	色情作品

Positionalismus	立場主義
predator	性掠食者

R

Rachida Dati	拉希達・達蒂
Radikalfeminismus	基進女性主義
Rainer Werner Fassbinder	萊納・韋納・法斯賓達
Rainer Brüderle	布呂德勒
Rapunzel – Neu verföhnt	《魔髮奇緣》
Reagan	雷根
Renate	Lohse 蕾娜特・洛海斯
Ritalin	利他能
Robert Filmer	羅伯特・費爾默
Robert K. Merton	羅伯特・金・莫頓
Robin Morgan	羅賓・摩根
Rokoko	洛可可時期
Ronald Dworkin	朗諾・德沃金
Rosanna Arquette	羅珊娜・艾奎特
Rose McGowan	蘿絲・麥高文

S

Sahel	薩赫爾
Sally Haslanger	莎莉・哈斯蘭格

Samuel Richardson	山謬・理查森
Sandra Müller	桑德拉・繆勒
Schiller	席勒
Sciences Po	巴黎高等政治學院
separate Sphäre	性別區隔
Sex Robots. The End of Love.	《性愛機器人：愛的終結》
Sexualität und Wahrheit	《性史》
Sheffield	雪菲爾
Skopophilie	視淫
Slut-Walks	蕩婦遊行
social signaling	社交訊號
solitary enlightenment	獨自啟蒙
Sophia Loren	蘇菲亞・羅蘭
Sovereign Virtue	《至上美德》
SPD	德國社會民主黨
Sphinx	人面獅身斯芬克斯
SPIEGEL	《鏡報》
stag film	公鹿電影
staring	注視
Statistisches Bundesamt	聯邦統計局
Stefan Zweig	史蒂芬・茨威格

Steiermark	施蒂里亞
Steven Pinker	史迪芬・平克
Stoa	斯多葛主義
surrendered wife	順服的妻子
survivor	倖存者
Susan Moller Okin	蘇珊・莫勒・歐肯
Südtirol	南提洛
Sylviane Agacinski	西爾維安・阿加欽斯基
Symposion	《會飲篇》

T

Tage Shakti Rai	塔格・沙克提・萊
Tarana Burke	塔拉娜・柏克
TERF	排跨基女（排除跨性別的基進女性主義者）
Thaïs	泰伊思
The Anti-Pamela, or Feign'd Innocence Detected	《反潘蜜拉》
The Paradox of Secrecy in African traditional religion	〈非洲傳統宗教中的祕密悖論〉
Theodor W. Adorno	狄奧多・阿多諾
Thomas	托馬斯
Togo	多哥

Wendy McElroy	溫蒂・麥艾洛伊
Wilhelm Reich	威廉・賴希
Wirtschafts- und Sozialwissenschaftlichen Instituts (WSI)	德國經濟與社會科學研究中心
Wittgenstein	維根斯坦
Wodaabe	沃達貝族
Womanspreading	女開腿族

Z

ZDF	德國電視二台
Zeit《時代週報》	
Zenon	芝諾
Zoomania	《動物方城市》

國家圖書館出版品預行編目資料

性、愛欲、人文主義：從文化差異到情愛取向，一場關於人類原始慾望的哲學思辨 / 猶利安．尼達諾姆林（Julian Nida-Rümelin），娜塔麗．魏登費爾德（Nathalie Weidenfeld）著；江鈺婷 譯. -- 初版. -- 臺北市：商周出版, 城邦文化事業股份有限公司出版：英屬蓋曼群島商家庭傳媒股份有限公司城邦分公司發行, 2024.05
　面；　公分. --（DISCOURSE; 127）
ISBN 978-626-390-126-1（平裝）
1. CST: 哲學　2. CST: 人文主義　3. CST: 性別
143.47　　113005260

線上版讀者回函卡

性、愛欲、人文主義：

從文化差異到情愛取向，一場關於人類原始慾望的哲學思辨

作　　者／猶利安．尼達諾姆林（Julian Nida-Rümelin）
　　　　　娜塔麗．魏登費爾德（Nathalie Weidenfeld）
譯　　者／江鈺婷
企劃選書／林宏濤
責任編輯／嚴博瀚

版　　權／吳亭儀、林易萱
行銷業務／周丹蘋、賴正祐
總 編 輯／楊如玉
總 經 理／彭之琬
事業群總經理／黃淑貞
發 行 人／何飛鵬
法律顧問／元禾法律事務所　王子文律師
出　　版／商周出版
城邦文化事業股份有限公司
台北市南港區昆陽街16號4樓
電話：(02) 2500-7008 傳真：(02) 2500-7579
E-mail：bwp.service@cite.com.tw
發　　行／英屬蓋曼群島商家庭傳媒股份有限公司城邦分公司
台北市南港區昆陽街16號8樓
書虫客服服務專線：(02) 2500-7718．(02) 2500-7719
24小時傳真服務：(02) 2500-1990．(02) 2500-1991
服務時間：週一至週五09:30-12:00．13:30-17:00
郵撥帳號：19863813　戶名：書虫股份有限公司
讀者服務信箱E-mail：service@readingclub.com.tw
歡迎光臨城邦讀書花園　網址：www.cite.com.tw
香港發行所／城邦（香港）出版集團有限公司
香港九龍土瓜灣土瓜灣道86號順聯工業大廈6樓A室
電話：(852) 2508-6231　傳真：(852) 2578-9337
E-mail：hkcite@biznetvigator.com
馬新發行所／城邦（馬新）出版集團 Cité (M) Sdn. Bhd.
41, Jalan Radin Anum, Bandar Baru Sri Petaling,
57000 Kuala Lumpur, Malaysia
電話：(603) 9056-3833　傳真：(603) 9057-6622

封面設計／兒日
內文排版／新鑫電腦排版工作室
印　　刷／韋懋實業有限公司
經 銷 商／聯合發行股份有限公司
電話：(02) 2917-8022　傳真：(02) 2911-0053
地址：新北市231新店區寶橋路235巷6弄6號2樓

■2024年5月初版
定價 450 元

Printed in Taiwan
城邦讀書花園
www.cite.com.tw

ISBN　978-626-390-126-1